David Herzog

# Der Neue Wein

D1673708

David Herzog

# Der Neue Wein

## Voraussetzung für Ihre Transformation und Ihre Ernte

GloryWorld-Medien

© Copyright 2010 David Herzog
Originaltitel: „Desperate for New Wine.

1. Auflage 2015

© der deutschen Ausgabe 2015 GloryWorld-Medien, Xanten, Germany

Alle Rechte vorbehalten

Bibelzitate sind, falls nicht anders gekennzeichnet, der Elberfelder Bibel,
Revidierte Fassung von 1985, entnommen.

Weitere Bibelübersetzungen:
LUT:  Lutherbibel, Revidierte Fassung von 1984
NGÜ: Neue Genfer Übersetzung, 2009
SLT:  Schlachter 2000
NeÜ: Neue evangelistische Übersetzung, 2012

Das Buch folgt den Regeln der Deutschen Rechtschreibreform. Die Bibelzitate
wurden diesen Rechtschreibregeln angepasst.

Übersetzung: Elisabeth Mühlberger
Lektorat/Satz: Manfred Mayer
Umschlaggestaltung: Kerstin & Karl Gerd Striepecke, www.vision-c.de
Foto: istock
Druck: CPI books GmbH, Leck

Printed in Germany

ISBN: 978-3-936322-97-2

Bestellnummer: 359297

Erhältlich beim Verlag:

GloryWorld-Medien
Beit-Sahour-Str. 4
D-46509 Xanten
Tel.: 02801-9854003
Fax: 02801-9854004
info@gloryworld.de
**www.gloryworld.de**

oder in jeder Buchhandlung

# Inhalt

# WIDMUNG

Dieses Buch sei den Menschen gewidmet, die mir eine Quelle des Segens und der Inspiration waren:

Dem *Christ for the Nations Institute*[1], das während meines Aufenthalts dort den Verlauf meines Lebens verändert hat. Der Geist des Gebets, der Evangelisation, des Lobpreises, der Anbetung und der Mission, von dem dieses College durchdrungen ist, wurde für uns zum Sprungbrett für unseren Dienst. Frau Freda Lindsay, ich danke Ihnen, dass Sie die Flamme am Leben erhalten.

Den treuen Fürbitterinnen und Fürbittern und Unterstützern, die in vielen kritischen Zeiten ihre Herzen für uns zum Herrn erhoben haben. Ihnen gilt die Anerkennung für alle Menschen, die gerettet und geheilt worden sind, und für jedes Wunder, das jemals durch unseren Dienst stattgefunden hat.

Vor allem widme ich dieses Buch aber meiner Familie, angefangen mit meiner wunderbaren Frau, Stephanie Herzog. Obwohl dieses Manuskript ein Vieles an Mehrarbeit erforderte, hat sie mich geduldig unterstützt, selbst auf dem Missionsfeld, als wir von einer Veranstaltung zur nächsten gingen, und auch während der Zeit der Schwangerschaft und Geburt unseres ersten Kindes. Stephanie hat mich vielfältig inspiriert: Sie ist eine unglaubliche Ehefrau, Mutter, Gefährtin, Mitstreiterin und Freundin, die mit mir um die Welt gereist ist, um die Erweckung auszubreiten und die Verlorenen zu gewinnen. In der Bibel steht, dass jede gute Gabe von oben kommt (vgl. Jak 1,17). Als wir uns in der Bibelschule kennenlernten, wusste ich, dass sie Gottes Geschenk an mich war.

---

[1] Das Institut „Christus für die Nationen" ist ein christliches Bibelcollege in Dallas, Texas, Vereinigte Staaten von Amerika.

Ich widme dieses Buch auch unserem ersten Kind, Tiffany Joy. Sie wurde schon im Mutterleib vom neuen Wein des Heiligen Geistes erfüllt, als ich dieses Buch schrieb. Als die Erstausgabe dieses Buches fertig war, wurde sie geboren. Sie ist ein Überfluss der Freude und Liebe, mit welcher der Herr uns während dieser Zeit der Erneuerung gesegnet hat. Möge sie bereits als Kind ein Pfeil in den Händen unseres Herrn sein. Dieses Buch sei auch Shannon Glory gewidmet, die bei ihrer Geburt schon förmlich die Herrlichkeit Gottes ausstrahlte, und auch Destiny Shalom, die den Frieden und die Gunst Gottes ausströmt. Ich liebe euch alle und bin so stolz auf euch!

Dieses Buch sei auch meiner Mutter Colette gewidmet, die uns eine immense Hilfe war, da sie während unseres Auslandsaufenthaltes alle verwaltungstechnischen Belange übernahm und uns auch zur Fertigstellung dieses Buches ermutigte. Sie hat furchtlos Bibeln nach Kuba geschmuggelt, ist nach China gereist und hat ihren Kollegen kühn und unerschrocken vom Evangelium erzählt. Danke, Mama, dass du unsertwegen deine Reise, die Arche Noah zu suchen, abgesagt hast. Durch dein Beispiel als eine Frau des Gebets und durch deine Treue zum Herrn wurde ich schon als Kind errettet. Dafür bin ich dir ewig dankbar.

Ich widme dieses Buch auch meinem Vater Victor, der nach vielen schwierigen Jahren dem Herrn sein Leben gegeben hat. Meine tiefe Liebe zu ihm, mein ernsthafter Wunsch und mein herzliches Verlangen nach seiner Rettung verhalfen dem evangelistischen Ruf auf meinem Leben und meiner Leidenschaft für die Verlorenen zum Durchbruch. Du hast einen weiten Weg zurückgelegt, Dad! Als ich anfing, dieses Buch zu schreiben, besuchte mein Vater gerade dieselbe Bibelschule, die auch ich mit meiner Schwester besucht hatte.

Auch meiner Schwester Melissa sei dieses Buch gewidmet: Sie unternahm einmal eine lange und mutige Missionsreise nach Indien und Bangladesch, während der sie Überschwemmungen und Aufstände erlebte, mit Steinen beworfen wurde und auch Krankheiten durchmachte – aber sie überwand alles. Ich danke ihr für ihre Liebe zu mir als meine einzige Schwester und für die Zeiten, in denen sie mich, ihren nervigen älteren Bruder, geduldig ertragen hat.

# DANKSAGUNG

Mein besonderer Dank gilt dem Pastor und Missionar Francis Trees, der mir für den ersten Entwurf dieses Manuskripts seinen Computer geliehen hatte, als wir beide in Frankreich lebten. Und ganz besonders danke ich ihm für seine Freundschaft.

Ein *großes* Dankeschön an Sussan Esperanza, meine Schwiegermutter, die über den Atlantik flog, um uns im ersten Monat nach der Geburt unseres Babys zu unterstützen, damit ich dieses Buch beenden konnte. Sie ist eine mächtige Frau Gottes und des Gebets, eine wahre Dienerin des Herrn. Wir danken auch William Esperanza, meinem Schwiegervater, für seine Liebe und Unterstützung zum richtigen Zeitpunkt.

Mein besonderer Dank an unsere gute Freundin Suzanne Ridner, dass sie die Zeit gefunden hat, dieses Buch zu lektorieren.

Ich möchte auch Kevin Jonas danken, dass er mir während einer Dienstreise seinen Computer im Musikstudio von *Christ For the Nations* geliehen hat.

# EMPFEHLUNG

Der Strom Gottes fließt in Form einer Erweckung, die unsere Weltkugel umspannt. Manche Menschen reden von *Erneuerung* und meinen damit, Gott würde etwas erneuern, das alt geworden ist. Ich rede lieber von *Erweckung*, was neues Leben bedeutet. Die Welt sucht nicht nur nach einem Segen (Erneuerung), sondern nach einer Veränderung (Erweckung). Die langersehnte Erweckung ist nicht erst am Kommen, sie ist schon hier. Der natürliche Fortschritt einer Erweckung führt zu einem globalen Erwachen.

Auf dieser Suche nach Gottes kostbarsten Segnungen muss man irgendwo beginnen. David Herzog hat dieses Buch verfasst, um einem Gläubigen bzw. einer Gemeinde bei dieser Suche behilflich zu sein. Falls Sie hungrig und bereit sind, Gott nachzujagen, lesen Sie weiter. Dieses Buch ist nicht für diejenigen gedacht, die nach einer schnellen Lösung für die Entwicklung einer Beziehung zu Gott suchen, welche dann Erweckung bringen soll. Völlige Hingabe ist ein Muss, ein heiliges Leben unabdingbar. Offenheit für die manchmal seltsamen Wege Gottes ist ebenso erforderlich wie eine neue Liebe und Salbung. Dazu ist es auch nötig, die Menschen so anzunehmen, wie sie sind.

Ich habe David Herzog in Paris bei einer Pastorenkonferenz, die ich abhielt, kennengelernt. Es war mir gleich klar, dass eine gottgegebene Leidenschaft im Herzen dieses jungen Mannes lodert. Dieses Buch ist ein Produkt dieses heißglühenden Herzens, welches *verzweifelt nach neuem Wein* ist.

Carey Robertson
Assistent Pastor (während des *Brownsville Revival*)
Brownsville Assembly of God, Pensacola, Florida

# VORWORT

Während David Herzog und seine Frau Stephanie dem Herrn als Missionare in Frankreich dienten, war es mir eine große Freude, sie näher kennenzulernen. Nach dem Dienst aßen wir oft gemeinsam in einem der urigen französischen Restaurants. In diesen Zeiten der Gemeinschaft, als wir das Brot brachen, konnte ich den Eifer dieses jungen Ehepaars für den Ruf des Herrn zu den Völkern und ihre innige Verbundenheit mit der Gegenwart des Heiligen Geistes – die ich oft als „die Herrlichkeit" bezeichne – ermessen. Ich entdeckte, dass David und Stephanie und selbst ihre kleinen Töchter Träger „der Herrlichkeit" waren.

Nachdem Familie Herzog dem Herrn eine Zeitlang in Europa gedient hatte, sandte sie Gott nach Arizona in die Vereinigten Staaten, obwohl ihr Auftrag sie weiterhin in alle Welt führt. Im Laufe der Jahre hat ihr Eifer für „die Herrlichkeit" immer mehr zugenommen. Ich habe diese Gnade für ungewöhnliche Heilungen und Wunder persönlich miterlebt – begleitet von der Rettung vieler Menschen, die sich Christus zugewandt haben.

Von ihrer Wohnung in Frankreich bis zu ihrem Landhaus in den Ausläufern der Vorgebirge von Sedona geht ihre Reise mit dem Heiligen Geist weiter. Dieses einzigartige Ehepaar verkörpert Erneuerung und Erweckung. Und wenn sie vor Menschenmengen stehen, bekommen diese immer einen Hunger nach mehr von der Realität des wunderwirkenden Gottes.

Wollen auch Sie diesen wunderwirkenden Gott mehr erleben? Falls Sie verzweifelt nach neuem Wein sind, werden Ihnen David und Stephanie wunderbare neue Wege in die frische, innige Verbundenheit mit dem Heiligen Geist erschließen. Ich weiß, dass die

Frucht in ihrem Leben zunehmen wird – ebenso wie die Salbung und die Herrlichkeit.

Es ist der Wille Gottes in dieser Stunde, jeden gesalbten Gläubigen auf beispiellose Weise zu gebrauchen, um sein Reich auszubreiten, damit Christus in allen Völkern verherrlicht wird. Dieses Buch ist ein besonderes Werkzeug, das Ihnen bei diesem Auftrag helfen wird.

Dr. Mahesh Chavda
Hauptpastor der *All Nations Church*
Charlotte, North Carolina

# EINFÜHRUNG

Nach einer Zeit, in der ich einen großen und zunehmenden Hunger nach mehr von Gott hatte, spürte ich immer mehr, dass Gott etwas vorhatte. Dennoch wusste ich nicht, was, wo, wann oder wie dies geschehen würde. Ich hatte erlebt, dass Gott mächtige Zeichen und Wunder getan und dass sich bei unseren Veranstaltungen und auf der Straße Sünder und Sünderinnen angesichts der Heilsbotschaft von ihren Sünden abgewandt hatten, und dennoch fehlte etwas. All dies war zwar schön und gut, doch war es noch nicht ganz Erweckung. Schließlich, als die Regungen in meinem Herzen zunahmen, wusste ich, dass etwas geschehen würde.

Meine Frau und ich begannen, in Gemeinden und Veranstaltungen in den Vereinigten Staaten zu dienen, bis Gott uns sagte, wir sollten alles verlassen und zu den Nationen gehen. Wir gingen nach Frankreich und dort explodierte dieser Hunger in uns förmlich. Wir entschlossen uns, an einer dreiwöchigen Reise mit „Christ For the Nations Institute" (CFNI) durch Israel teilzunehmen, um zu erfahren, was Gott dort mit uns vorhatte, und um Menschen zu Christus zu führen. Diese Reise war ein Wendepunkt für uns. Gott begegnete uns im „Obergemach" bzw. „Abendmahlssaal"[1] in Jerusalem auf eine Weise, die man nur als *neu* beschreiben kann. Nach unserem Erlebnis im Abendmahlssaal erlebten wir während dieser Reise viele Bekehrungen, aber noch mehr: Wir selbst wurden verändert.

Nach unserer Rückkehr begann ich, vermehrt den Herrn wegen dieses Erlebnisses im Abendmahlssaal zu suchen. Ich wollte

---

[1] *Abendmahlssaal* (lat. Coenaculum) ist die traditionelle Bezeichnung für den Raum, in dem Jesus Christus in Jerusalem am Vorabend seines Todes mit seinen Jüngern das Abschiedsmahl gefeiert haben soll … Das gesamte Gebäude des Abendmahlssaales in Jerusalem befindet sich seit 1948 faktisch im Eigentum des Staates Israel und ist ein Museum (Quelle: wikipedia). Anm. d. Hrsg.

unbedingt mehr von dem erfahren, wie Gott in dieser Bewegung gerade wirkte, auch wenn ich nicht alles verstand. Dieser Hunger führte uns nach Toronto, wo wir noch mehr neuen Wein bekamen. Wir dachten, wir wären dort, um Verwandte zu besuchen, aber Gott hatte andere Pläne. Nach unserer Begegnung mit ihm in Israel wurden wir dort von einer neuen Liebe zu ihm und einer neuen Salbung erfüllt. Danach breitete sich überall, wo wir in den Vereinigten Staaten und in Europa dienten, die Erneuerung aus. Mehr als nur durch Zeichen und Wunder verändert Gott jetzt die Herzen seines Volkes und erneuert sie im Hinblick auf Erweckung.

Als wir dann mit dieser neuen Salbung dienten, fiel uns auf, dass manche Gemeinden und Christen nicht verstanden, wie man Erneuerung empfängt und was Gott mit dieser Erneuerung beabsichtigt. Manche, die den neuen Wein erhalten hatten, wussten nicht, was sie damit anfangen sollten oder wie sie ihn auf Dauer behalten konnten. Am folgenden Silvesterabend forderte der Herr mich heraus, dieses Buch zu schreiben, um damit das Volk Gottes zu segnen. Gott möchte, so glaube ich, dieses Buch als ein Werkzeug gebrauchen, sodass die Bewegung des Heiligen Geistes von der Erneuerung zur Erweckung hin fortschreitet; es soll uns helfen, unseren Blick nicht nur auf Erneuerung zu richten, sondern auf das, was Gott weltweit tut. Ich beschloss, ihm zu gehorchen.

Ein Großteil der Inhalte und der Prinzipien in diesem Buch wurden mir vom Herrn insbesondere in Zeiten des Gebets und des Fastens offenbart. Die anderen Inhalte beruhen auf unseren Erfahrungen mit dem neuen Wein des Heiligen Geistes, indem wir in den verschiedenen Nationen, denen wir dienen, Erneuerung und Erweckung erleben. Dieses Buch wurde dazu geschrieben, um Ihnen aufzuzeigen, in welch kritischer Zeit wir leben und um Sie zu inspirieren, diesen Augenblick in der Geschichte zu nutzen.

Dieses Buch ist für alle gedacht, die sich Erneuerung wünschen, jedoch skeptisch sind und Antworten haben wollen, und auch für diejenigen, die vielleicht schon vom neuen Wein gekostet haben, aber an diesem Punkt nicht aufhören wollen. Es hilft Ihnen in Ihrem persönlichen Leben mit dem Herrn, in Ihrer Gemeinde und in Ihrem Dienst, eine wachsende Erneuerung zu erleben. Es ist wirklich für diejenigen, die *verzweifelt nach neuem Wein* sind!

# KAPITEL 1

# Leeren Sie Ihren Wasserkrug

*Und am dritten Tag war eine Hochzeit zu Kana in Galiläa; und die Mutter Jesu war dort. Es war aber auch Jesus mit seinen Jüngern zu der Hochzeit eingeladen. Und als es an Wein mangelte, spricht die Mutter Jesu zu ihm: Sie haben keinen Wein. Jesus spricht zu ihr: Was habe ich mit dir zu schaffen, Frau? Meine Stunde ist noch nicht gekommen. Seine Mutter spricht zu den Dienern: Was er euch sagen mag, tut! Es waren aber sechs steinerne Wasserkrüge dort aufgestellt nach der Reinigungssitte der Juden, wovon jeder zwei oder drei Maß fasste. Jesus spricht zu ihnen: Füllt die Wasserkrüge mit Wasser! Und sie füllten sie bis obenan. Und er spricht zu ihnen: Schöpft nun und bringt es dem Speisemeister! Und sie brachten es. Als aber der Speisemeister das Wasser gekostet hatte, das Wein geworden war – und er wusste nicht, woher er war, die Diener aber, die das Wasser geschöpft hatten, wussten es -, ruft der Speisemeister den Bräutigam und spricht zu ihm: Jeder Mensch setzt zuerst den guten Wein vor, und wenn sie betrunken geworden sind, dann den geringeren; du hast den guten Wein bis jetzt aufbewahrt* (Joh 2,1-10).

So, wie Jesus und seine Jünger zur Hochzeit in Kana eingeladen waren, so lädt Jesus uns, die heutige Gemeinde, symbolisch zu einem Fest der Freude ein – zu einer heiligen Feier zu Ehren unseres bald erscheinenden Königs! Überall auf der Welt spüren viele Christen und Leiter, dass dies ein historischer Zeitpunkt für die Gemeinde ist und wir am Rande eines weltweiten geistlichen Durchbruchs stehen.

Das Hochzeitsfest ist bereit und die Einladungen sind verschickt. Alles sieht gut aus, bis auf den Wein. Es gibt nicht genug davon! Jemand muss neuen Wein finden. Was für eine Schande wäre es für die Braut, wenn alle geladenen Gäste kämen, nur um zu entdecken, dass es keinen Wein mehr gibt!

Gottes Volk wird immer hungriger und durstiger nach einer frischen Ausgießung des Heiligen Geistes. Die frühere charismatische Bewegung hat ihre Leidenschaftlichkeit verloren und wird in vielerlei Hinsicht zu einer Tradition. Viele traditionelle und charismatische Gemeinden und Denominationen machen den Versuch, die Welt einzuladen – und nehmen dennoch zahlenmäßig ab. Sie kämpfen verzweifelt ums nackte Überleben. Die Menschen kommen in ihre Veranstaltungen, sind aber apathisch, unzufrieden und geistlich unterernährt. Worin liegt das Problem? Das Problem ist, dass ihnen der Wein ausgegangen ist!

In vielen Ländern, und besonders in Israel zu Zeiten Jesu, brauchte man für eine Hochzeit unbedingt Wein. Wäre einem während einer Hochzeit der Wein ausgegangen, so wäre das eine Riesenkatastrophe gewesen, die keiner so leicht vergessen hätte. Es wäre zum Stadtgespräch schlechthin geworden. Viele Gemeinden schämen sich heute, weil sie die Menschen einladen, aber keinen Wein zu bieten haben. Ja, ihre Predigten sind zwar theologisch korrekt, aber es fehlt etwas: die frische Ausgießung des Heiligen Geistes, die uns erneuert, erfrischt und wiederherstellt.

Manche gehen sogar so weit, die Gegenwart des Heiligen Geistes vorzutäuschen. Aber jeder, der durstig ist und kommt, um von der Gegenwart des Heiligen Geistes zu trinken, erkennt den Unterschied, wenn er immer noch ausgetrocknet und durstig nach Hause geht. Die Welt ist der künstlichen Aufregung überdrüssig.

Was geschieht, wenn der Wein ausgeht? Entweder tun die Christen so, als ob sie ihn noch hätten, oder sie reden von den guten alten Zeiten. Schließlich schleicht sich ein religiöser Geist ein und eine Gemeinde, die einmal gesegnet war, wird am Sonntagmorgen zwischen 10 Uhr und 12 Uhr zu einem langweiligen, leblosen, strukturierten System ohne eine Spur von Erwartung. Der Gottesdienst ist gänzlich im Voraus geplant, ohne einen Gedanken an das, was der Heilige Geist vielleicht tun möchte. Das nennen dann viele „Gottesdienst" bzw. „Gemeinde". Kein Wunder, dass die Welt nicht in unsere Gemeinden rennt! Stattdessen suchen sie anderswo, um ihre durstigen Seelen mit Esoterik, dem Okkultismus, dem Materialismus und mit anderen zerstörerischen Fallen zu füllen. Wir sind unserer Generation gegenüber genauso verantwortlich wie es König David war, nachdem er *„den Menschen seiner Zeit so gedient hatte"* (vgl. Apg 13,36).

## Kein Wein mehr

*Während des Festes ging der Wein aus. Da sagte die Mutter Jesu zu ihrem Sohn: „Sie haben keinen Wein mehr!"* (Joh 2,3 NGÜ).

Leute versuchen so manches, um die Gemeinden und ihr persönliches Leben mit dem zu füllen, was ihnen fehlt. Viele rennen von einem Seminar zum anderen, nur um wieder leer zurückzukehren. Die Gemeinden stecken in demselben Dilemma und bemühen sich oft, die neuesten Gemeindewachstumsprogramme ausfindig zu machen, um ihre Leute erfolgsmotiviert zu halten.

Maria, die Mutter Jesu, war weise. Sie wusste genau, was sie tun musste, um dieses Problem zu lösen. Sie ging direkt zu Jesus. Es ist so einfach, und doch übersehen wir das häufig. Wir müssen zum Meister, zur Quelle aller Dinge gehen. In dieser Hinsicht müssen wir Marias Beispiel folgen. Wenn es ein Problem oder einen Mangel in unserem Leben gibt, müssen wir als Erstes Gottes Angesicht suchen.

Als Stephanie und ich anfingen, Gott persönlich bezüglich einer tieferen und innigeren Beziehung zu ihm aufzusuchen, nach der wir so hungerten, begann er, unser Leben mit ihm und unseren

Dienst zu verändern. Das führte dazu, dass wir das frische Wirken des Geistes empfingen, das zurzeit in vielen Nationen erlebt wird.

Meiner Meinung nach ist der wichtigste Faktor, um diesen Segen zu empfangen, ein verzweifelter Hunger und Durst nach mehr von Gott – und nicht nur nach ihm, sondern nach einer völligen Transformation unseres Lebens, so, wie sie Petrus zu Pfingsten erlebte. Vor Pfingsten war er nur zu einem gewissen Grad gesalbt. Er war mächtig gebraucht worden, und dennoch ließ er den Herrn im Stich und floh, als es um sein Leben ging. Er leugnete sogar, Jesus überhaupt zu kennen. Nach Pfingsten war Petrus ein ganz anderer Mensch. Er war so kühn, dass er ausgerechnet zu denen predigte, vor denen er sich noch zehn Tage vorher gefürchtet hatte. Er forderte sie auf, sich von ihren Sünden abzuwenden, und erinnerte sie daran, dass sie es gewesen waren, die den Messias ans Kreuz geliefert hatten.

Was hatte zu einer solchen Transformation geführt? Ich glaube, dass Petrus, nachdem er Jesus verleugnet hatte, damit begann, sein Leben und seinen Dienst kritisch zu überdenken. Ihm ging auf, dass ihm noch einiges fehlte, um den Missionsbefehl erfüllen zu können. Wie konnte er dem Auftrag des Herrn nachgehen, wenn es ihm doch an so vielem mangelte? Ihm wurde auch klar, dass es einiges in seinem Leben gab, das er aufgeben musste. Höchstwahrscheinlich vergoss er im Obergemach viele Tränen, als er von Gott entleert und gereinigt wurde, um mit etwas Mächtigerem gefüllt zu werden – mit neuem Wein.

Wir sind diese Petrus-Generation! Wir müssen ans Ende unserer Möglichkeiten kommen und einsehen, dass wir nicht länger so tun können, als ob wir alles hätten. Wir müssen völlig entleert und gründlich gereinigt werden, um von Neuem gefüllt und belebt zu werden und in diese neue, weltweite, frische Bewegung des Geistes einzutreten.

Maria betrachtete die Situation bei der Hochzeitsfeier realistisch: Es gab nicht genügend Wein, um das Fest zum Erfolg zu machen. Sie war bereit, den Tatsachen ins Auge zu sehen und sich ihnen zu stellen, indem sie sich demütigte und Jesus um Hilfe bat.

Wenn wir wegen unserer Unzulänglichkeit vor Gott ehrlich sind und mit zerbrochenem Herzen zu ihm kommen, dann kann er an uns arbeiten. Gott gibt den Demütigen Gnade, aber er widersteht den Hochmütigen (vgl. Jak 4,6; 1 Petr 5,5). Der Weg des Zerbruchs vor dem Herrn ist der Weg zu neuem Wein. Denn jedes Mal, wenn das Selbst am Kreuz stirbt, gibt es eine Auferstehung.

## Die Wasserkrüge ausleeren

*In der Nähe standen sechs steinerne Wasserkrüge, wie sie die Juden für die vorgeschriebenen Waschungen benutzen. Die Krüge fassten jeder zwischen achtzig und hundertzwanzig Liter. Jesus befahl den Dienern: „Füllt die Krüge mit Wasser!" Sie füllten sie bis zum Rand* (Joh 2,6-7 NGÜ).

Jesus bat die Diener, bei der Hochzeit etwas Seltsames zu tun! Warum würde jemand Wasser in schmutzige Wasserkrüge anstatt in Weinschläuche schütten? Diese Wasserkrüge wurden von den Juden zur Reinigung verwendet! Das bedeutet, dass sie schmutzig waren und höchstwahrscheinlich voll von schmutzigem Wasser, das von den religiösen Juden zum Waschen verwendet worden war. Mit Sicherheit leerten die Diener beim Hochzeitsfest das schmutzige Wasser aus und reinigten die Krüge so gut wie möglich, wie es alle guten Diener tun würden, ehe sie diese mit Trinkwasser auffüllten und es servierten. Wenn Sie ein Glas voller schmutzigen Wassers nähmen, wie könnten Sie es mit frischem Wasser füllen, es sei denn, Sie hätten es zuerst geleert und gereinigt?

Jesus symbolisierte damit etwas sehr Wichtiges. Ehe wir eine frische Erfüllung mit dem Heiligen Geist erleben können, müssen auch wir geleert und gereinigt werden. Unsere Gefäße sind schmutzig geworden, weil viele von uns in unserer Salbung und unserem Wandel mit Gott stagnieren.

Alter Wein, der schal geworden ist, ist wie ein Bach, der aufgehört hat zu fließen und zu einem stehenden Teich geworden ist – weder fließt neues Wasser hinein noch fließt altes Wasser hinaus. Wenn dies geschieht, werden wir religiös und brauchen dringend eine gründliche Reinigung und Säuberung. Vielleicht gab es einmal eine frische Salbung, eine innige Kommunikation mit Gott und eine starke Gegenwart Gottes auf Ihrem persönlichen Leben und Dienst. Doch wenn es keine Freisetzung gegeben hat, riecht schließlich alles wie ein gutes Parfum, das mit Schweiß vermischt wurde. Vor dem Empfangen des neuen Weins muss es daher einen Prozess des Ausleerens geben. Wie kann dieser ausgelöst werden?

Wenn wir an verschiedenen Orten – egal in welchem Land – dienen und für Menschen beten, dass sie diesen neuen Wein des Heiligen Geistes empfangen, weinen sie oft hemmungslos wie noch nie zuvor. Es spielt keine Rolle, ob es sich dabei um einen Pastor, einen Leiter oder ein Gemeindemitglied handelt. Manchmal ist das sehr dramatisch, und Leute, die solche Zerbrüche und solches Schluchzen nicht gewohnt sind, sind schockiert darüber, besonders wenn es mit lautem Schreien einhergeht. Viele sind schon jahrelang nicht mehr fähig gewesen zu weinen. Dadurch werden Menschen oft vergangene Wunden, Bitterkeit, Sünde, Religiosität und anderes los. Die Wunden können bis in die frühe Kindheit zurückgehen. Worum es sich auch handelt, man muss es los werden, ehe man die Freude dieses neuen Weins empfangen kann, die häufig von lautem Lachen begleitet wird.

All dies ist Teil des Heilungs- und Wiederherstellungsprozesses der Gemeinde und geschieht unter der Salbung des Heiligen Geistes. Für einige wird dieser Prozess durch ein einfaches Wort der Prophetie oder Ermutigung ausgelöst, und Gott heilt sie von der Ablehnung in der Vergangenheit. Wieder andere werden vom Heiligen Geist überführt und müssen sich von Sünde abkehren.

Es gibt hier scheinbar ein geistliches Prinzip, das sich durch die ganze Schrift hindurchzieht: das Prinzip des Gebens und Empfangens. Es geht um viel mehr als um ein finanzielles Prinzip des Segens. Ehe wir etwas Neues von Gott erhalten, verlangt er von uns, dass wir einiges aufgeben.

Auch Sünde kann das Problem sein, das jemanden daran hindert, diesen geistlichen Segen zu empfangen. In diesem Fall gibt es nur eine Lösung, um das schmutzige Wasser loszuwerden:

*„Kehrt um", erwiderte Petrus, „und ... ihr werdet seine Gabe, den Heiligen Geist, bekommen"* (Apg 2,38 NGÜ).

Echte Umkehr ist ein sicherer Weg, um Gott zu erlauben, uns – als Vorbereitung auf eine frische Erfüllung mit dem Heiligen Geist – zu reinigen. Dies gilt auch für den erstmaligen Empfang der Taufe im Heiligen Geist. Sie ist erst dann möglich, wenn man sich von der Sünde abgekehrt und die Rettung angenommen hat.

## Im Abendmahlssaal

Während eines evangelistischen Einsatzes in Israel im Mai 1994 begann ich, den neuen Wein des Heiligen Geistes zu empfangen. Während der drei Wochen unseres Aufenthalts dort erlebten meine Frau und ich, dass viele Juden und Palästinenser gerettet wurden. Wir gehörten zu einem evangelistischen Team des „Christ For the Nations Institute" mit insgesamt 76 Personen.

Eines Tages waren wir im Abendmahlssaal in Jerusalem und beteten den Herrn an. Damals entwickelten meine Frau und ich einen ganz starken Hunger und ein intensives Verlangen nach einer frischen Berührung durch den Heiligen Geist. Als wir mit der Anbetung begannen, erfüllte eine ungewöhnlich starke und gleichzeitig sanfte Gegenwart des Heiligen Geistes den Raum. Sie nahm sehr schnell zu. Gleichzeitig fiel mir eine Taube auf, die über unseren Köpfen im Raum hin und her flog. Das war für mich ein weiteres Zeichen, dass der Heilige Geist am Wirken war. Plötzlich fielen mehrere Leute auf den Boden, nachdem für sie gebetet worden war (Charismatiker nennen das „im Geist ruhen" oder „im Geist umfallen").

Unerwartet eilte ein bärtiger Jude nach vorne, um für sich beten zu lassen. Er gehörte nicht zu unserer Gruppe. Das Team begann, für ihn zu beten. Seine Frau fing an zu schluchzen und bat mich inständig, für ihn zu beten. Sie sagte, sie seien gläubig wie wir und hätten viele Jahre lang in Israel gedient. Gott war im Begriff, sie als Missionare auszusenden. Sie erklärte, dass der Heilige Geist ihnen am Morgen gesagt hatte, sie sollten sofort zum Abendmahlssaal gehen, um eine besondere Salbung für ihren

Dienst zu erhalten. Als ich mich ihrem Mann näherte, öffnete er die Augen und sagte: „Prophezeien Sie über mir, mein Sohn, Sie haben eine Botschaft für mich."

„Langsam, langsam", erwiderte ich, „lassen Sie mich erst einmal den Herrn fragen, ob er ein prophetisches Wort für Sie hat. Ich werde nichts erfinden!" Sofort gab Gott mir ein spezifisches Wort für ihn. Während ich das Wort weitergab, befahl mir der Herr, ihn anzuhauchen, was ich normalerweise nicht tue. Ich gehorchte und hauchte ihn an, ähnlich wie Jesus es mit seinen Jüngern tat.

*Und er hauchte sie an und sagte: „Empfangt den Heiligen Geist!"* (Joh 20,22).

Sofort fiel der Mann wie zu Boden geschmettert hin und begann, unter der Kraft Gottes zu zittern. Er hatte viel mehr als ein prophetisches Wort erhalten – er hatte etwas Außergewöhnliches von Gott bekommen.

Kurz danach ging ich in den hinteren Bereich des Saales, erhob die Hände und lobte Gott für das, was gerade geschehen war. Dann fing ich an zu weinen wie nie zuvor. Zum einen kam ich mir so beschämt vor, dass ich wirklich die Apostelgeschichte 2 im „Obergemach" in Jerusalem erleben konnte, wo am Pfingsttag alles begonnen hatte. Als ich weinte, geschah etwas sehr Seltsames. Meine Beine fingen fast unkontrollierbar an zu zittern und schütteln. Dann befand ich mich plötzlich auf dem Boden – während all dem war ich durch Gottes Kraft irgendwie hingefallen. Ich weinte noch viel mehr, obwohl ich nicht ganz verstand, was mit mir los war und warum ich so weinen musste.

Ich wusste nur, dass es sich wie eine völlige Reinigung und Befreiung von den Lasten und Ängsten des Dienstes anfühlte. Die Alltagssorgen waren ganz in der Hand des Herrn. Eine Verwandlung hatte stattgefunden, wie ich sie nie zuvor gekannt hatte. In den vergangenen Jahren hatte ich selten „im Geist geruht", obwohl ich für viele gebetet hatte, die das erlebten. Als ich dann die Augen öffnete, sah ich, wie eines der Teammitglieder über mir prophezeite, was Gott hinsichtlich unseres Dienstes und den neuen Dingen für uns bereit hatte. Die Prophetie brachte es auf den

Punkt und bestätigte, was Gott schon zu uns gesprochen hatte. Schließlich versuchte ich, langsam wieder auf die Beine zu kommen. Selbst Stunden später war ich wie benommen und weinte immer wieder, ohne zu wissen warum. Damals war es mir ein Rätsel, doch fühlte es sich sehr gut an. Gottes Gegenwart war so ungemein stark. An jenem Tag erlebte ich die erste von mehreren Begegnungen mit dem Heiligen Geist, die mein Leben und meinen Dienst unter dieser neuen Salbung für immer kennzeichneten.

Was in diesem Raum geschah, ging über das hinaus, was passiert, wenn viele die Taufe im Heiligen Geist erhalten und in anderen Sprachen reden, es damit aber bewenden lassen. Ich wurde entleert, wieder aufgefüllt und für eine neue und frische Ausgießung des Heiligen Geistes vorbereitet, und dann wurde ich immer mehr mit dem neuen Wein des Heiligen Geistes erfüllt.

## Tränen

*Die mit Tränen säen, werden mit Jubel ernten. Er geht weinend hin und trägt den Samen zum Säen. Er kommt heim mit Jubel und trägt seine Garben* (Ps 126,5-6).

Wenn sich die zum Hochzeitsfest Geladenen immer noch an ihre schweren Lasten klammern, wird es ihnen nicht gelingen, an der Freude teilzunehmen, die der neue Wein bringt. Sie mögen in der Erwartung kommen, von Freude erfüllt zu werden, aber es gilt einen Prozess zu durchlaufen.

In den meisten Fällen werden die Menschen, die alle Barrieren fallen lassen und der sanften, aber mächtigen Berührung des Heiligen Geistes nicht widerstreben, schließlich viel „mit Tränen säen". Vieles davon ist wie das Ausleeren von „schmutzigem Wasser": Bitterkeit, Entmutigung, Ängste, vergangene Wunden, Trauer und Leid, das nie vollständig verarbeitet wurde. Wenn man all diese Dinge losgeworden ist, kann die nächste Phase der Erneuerung stattfinden. Dies gilt sowohl für Leiter als auch für Gemeindemitglieder.

Natürlich ist das kein Gesetz, aber es ist das, was in dieser neuen, weltweiten Bewegung im Allgemeinen stattfindet. Einige

Leute haben mehr Leiden und Verwundungen als andere und verbringen deshalb vielleicht mehr Zeit in dieser Phase der Tränen. Andere weinen weniger, oder manchmal gar nicht, und erhalten scheinbar auf der Stelle die Freude und sogar das Lachen, das in dieser Erneuerung häufig vorkommt. Diese Reaktion werden wir im nächsten Kapitel behandeln. Was auch immer der Grund für die Tränen sein mag: Werden sie vom Heiligen Geist ausgelöst, ist Weinen etwas Gutes, das nicht gering geschätzt werden sollte.

> *Kehre um und sage zu Hiskia, dem Fürsten meines Volkes: „So spricht der HERR, der Gott deines Vaters David: Ich habe dein Gebet gehört, ich habe deine Tränen gesehen. Siehe, ich will dich heilen; am dritten Tag wirst du ins Haus des HERRN hinaufgehen"* (2 Kön 20,5).

Viele Menschen schreien schon jahrelang zu Gott, er möge sie von bestimmten Leiden und aus schwierigen Situationen freisetzen. Wenn der Heilige Geist die inneren Blockaden dann endlich durchbricht, werden sie freigesetzt und vergießen sogar Freudentränen.

> *Esau aber lief ihm entgegen, umarmte ihn und fiel ihm um den Hals und küsste ihn; **und sie weinten*** (1 Mose 33,4).

Die Gäste, die zum Hochzeitsfest eingeladen sind, müssen auch mit solchen Gästen verkehren, mit denen sie in der Vergangenheit möglicherweise nicht klargekommen sind. Wenn sie gemeinsam diesen neuen Wein trinken, schafft dies eine Atmosphäre, die es leichter macht zu vergeben und sich zu versöhnen. Das Fest ist für viele der Gäste die einzige Gelegenheit, auf ihre Gegner zuzugehen und Frieden mit ihnen zu schließen.

Jakob und Esau waren Brüder, die sich verfeindet hatten, doch Gott versöhnte sie und wirkte in ihren Herzen. Man vergesse nicht, dass Jakob vor dem Treffen mit Esau gerade mit Gott um den Segen gerungen hatte, den er unbedingt erhalten wollte. Auch wir werden mit bestimmten Angelegenheiten ringen müssen, wenn wir uns seinen Segen auf unserem Leben wünschen. In dieser frischen Geistesausgießung weinen manche auch, weil Gott seine Kinder von Wunden, Ablehnung und Spaltungen heilt, die es schon viel zu lange zwischen Brüdern und Schwestern, Eltern und Kindern und unter Pastoren gegeben hat. Wenn diese Dinge aufgearbeitet werden, fließen Tränen.

## Tränen und Zerbruch

*„Doch auch jetzt", spricht der HERR, „kehrt um zu mir mit eurem ganzen Herzen und mit **Fasten** und mit **Weinen** und mit **Klagen**!" Und zerreißt euer Herz und nicht eure Kleider und kehrt um zum HERRN, eurem Gott! Denn er ist gnädig und barmherzig, langsam zum Zorn und groß an Gnade, und lässt sich das Unheil gereuen. Wer weiß, [vielleicht] wird er umkehren und es sich gereuen lassen und Segen hinter sich zurücklassen: Speisopfer und Trankopfer für den HERRN, euren Gott! (Joel 2,12-14).*

Ein Segen fließt insbesondere dann, wenn die Tränen zu Tränen echter Buße werden. Wenn solche Tränen der Erkenntnis von Sünde und Ungehorsam entspringen, gibt es eine große Belohnung, wie wir später im Buch Joel sehen werden, der eine mächtige, weltweite Ausgießung des Geistes verheißt. Tränen helfen uns, die Tür zum Herzen aufzuschließen und eine persönliche Erweckung zu entfachen. Ich empfehle nicht, dass man versucht, die Sünden der Vergangenheit auszugraben und Tränen hervorzubringen. Es ist die Gegenwart des Heiligen Geistes, die die Herzen überführt, und wir lassen uns von ihm leiten, was er in unserem Leben tun möchte. Dann kann er uns zerbrechen – es sei denn, wir leisten ihm Widerstand.

Die meisten großen Erweckungen haben auf diese Weise begonnen. Die Azusa-Street-Erweckung[1] war anfangs eine Erweckung der Tränen, die über drei Jahre lang andauerte und Erweckung über die ganze Welt verbreitete. Oft kamen stolze und

---

[1] Als *Azusa Street Revival* (engl. für Azusa-Street-Erweckung) bezeichnet man die pfingstlerische Erweckungsbewegung ausgehend von der Azusa Street Mission, die ihren Ursprung in der Azusa Street 312 in Los Angeles hatte und als eines der wichtigsten historischen Ereignisse der aufstrebenden Pfingstbewegung gilt (Quelle: wikipedia). Anmerk. d. Übers.

arrogante Männer zu den Treffen, um ihnen „ihren Stempel aufzudrücken", und fanden sich bald in Buße und Umkehr auf dem Boden wieder. Einmal kam ein Prediger aus Chicago, um die Veranstaltungen als Schwindelei zu entlarven. Als er in das Gebäude hineinging, kam eine Dreizehnjährige auf ihn zu und sagte: „So spricht der Herr: ‚Du bist gekommen, diese Menschen bloßzustellen, doch ich habe dich zu einem anderen Zweck hierhergebracht ...'". Nachdem das Herz des Mannes bloßgestellt worden war, fiel er bußfertig auf die Knie; der Herr hatte ihn in seiner Gnade zerbrochen.

Frank Bartleman (1870–1936), ein Evangelist der Heiligungsbewegung, schrieb: „Die Prediger hatten es beim Sterben am schwersten; es gab so vieles, dem sie sterben mussten, so vieles an Ruf und an guten Werken." Er schrieb auch: „Ich würde lieber sechs Monate lang in jener Zeit leben als fünfzig Jahre lang ein normales Leben führen."[2]

William Seymour, ein sehr demütiger, schwarzer (afroamerikanischer) Baptistenpastor, der durch die Pocken ein Auge verloren hatte, entfachte die Azusa-Erweckung. Wegen der Rassentrennungsgesetze hatte er William Parham (1873–1929) draußen vor der Tür über den Heiligen Geist lehren gehört. Dies steigerte den Hunger nach der Taufe im Heiligen Geist in seinem eigenen Leben.

William Seymour zog nach Los Angeles, um wegen dieses Erlebnisses im Heiligen Geist Gottes Angesicht zu suchen. Er wurde eingeladen, in einer Gemeinde in Los Angeles zu predigen, mit der Möglichkeit, dort Pastor zu werden. Nachdem er über die Taufe im Heiligen Geist gepredigt hatte, schloss man ihn kurzerhand aus der Gemeinde aus. Er selbst hatte, als er darüber predigte, diese Taufe noch nicht erhalten. Gott ließ Seymour diese Erfahrungen des Zerbruchs machen, gegen die er sich nicht sträubte. Je mehr sein Hunger zunahm, desto mehr brachten ihn die schwierigen Umstände dazu, sich auf Gottes Gnade zu verlassen.

---

[2]Frank Bartleman, *The Azusa Street Revival*, (Revival School, www.revivalschool.com). Das ganze Buch kann bei http://associate.com/groups/anzac/www/Azusa-Street++.htm (auf Englisch) gelesen werden. (Stand: 13.10.2014). Anmerk. d. Übers.

Bald „explodierten" dieses Zerbrochensein und dieser Hunger zur größten Ausgießung des Geistes der modernen Zeit am Anfang des Jahres 1906. Die ersten Veranstaltungen fanden auf der Veranda eines Privathauses statt. Als sie zu groß wurden, hielt man sie schließlich in der Azusa-Straße 312 ab. Das Gebäude diente einst der „Afrikanischen Methodistischen Episkopalkirche" als Gottesdienstraum und war später ein Pferdemietstall und ein Warenlager für ein Kaufhaus gewesen. In diesen Veranstaltungen fielen die Rassenschranken, und das zu einer Zeit, als die Anspannung zwischen den verschiedenen Rassen in den USA ihren Höhepunkt erreicht hatte.

Die Weißen kamen mit Liebe und taten echte Buße über ihre Einstellung gegenüber den Schwarzen, und darüber, wie sie sie behandelt hatten. Die Schwarzen kamen mit Liebe und echter Vergebung. Andere Rassen beteiligten sich auf ähnliche Weise. Es war eine Erweckung des Zerbruchs. Arthur Osterberg, der diese Erweckung von Beginn an willkommen hieß, sagte:

Die Azusa-Erweckung begann dort, wo jede echte Erweckung beginnen sollte: mit Tränen der Buße. Sie begann mit Tränen, lebte unter Tränen und als die Tränen aufhörten, hörte auch die Azusa-Erweckung auf.[3]

Die Auswirkungen dieser Erweckung, die durch einen echten Hunger nach der Fülle des Heiligen Geistes entfacht worden war, waren phänomenal. Vinson Synan, einem Kirchenhistoriker, zufolge, wurden bis 1980 über 50 Millionen Menschen von der Pfingstbewegung berührt. Eine im Jahr 1980 im Auftrag der Zeitschrift *Christianity Today* („Christentum heute") durchgeführte Gallup-Umfrage ergab, dass sich 19 Prozent aller Erwachsenen, also allein in den USA 29 Millionen Personen über 18 Jahren, mit dieser Erneuerungsbewegung identifizierten. Sie bildete die Grundlage für die charismatisch-pfingstliche Ausgießung. Bis 1990 waren über 372 Millionen Menschen von dieser einen Ausgießung des Geistes in Azusa berührt worden, die allein dadurch entfacht worden war, dass eine Person wie Seymour es demütig zuließ,

---

[3] Nelson: Ph. D. Thesis (Birmingham, 1981), 66–67 n. 10. Direkt aus dem Englischen. Anmerk. d. Übers.

dass Gott ihn zerbrach und dadurch Gottes Geist freigesetzt wurde. Dafür sollten wir für immer dankbar sein.

Ich danke Gott, dass die Apostel und die anderen Gläubigen dort im Obergemach blieben, auf Gott harrten und ihre Herzen zerbrochen waren, bis der Segen kam. Stellen Sie sich vor, welche Auswirkungen die derzeitige Erweckung in der kommenden Zeit auf die ganze Welt haben könnte! Wenn Sie voll von altem Wein sind, der sich in bitteren Essig verwandelt hat, lassen Sie sich vom Heiligen Geist entleeren, um Platz für den neuen Wein des Geistes zu schaffen. Haben Sie keine Angst vor den Tränen und dem Zerbrochensein. Wenn Gott Ihnen Ihr eigenes Herz offenbart und Sie dadurch zerbrochen werden, überlassen Sie sich Gott. Er wird Sie entleeren, bis genügend Platz da ist, dass eine unaussprechliche Freude Ihre Seele überfluten wird.

*Die mit Tränen säen, werden mit Freuden ernten* (Ps 126,5 SLT).

# KAPITEL 2

# Unaussprechliche Freude

*Ein fröhliches Herz bringt gute Besserung, aber ein niederge-schlagener Geist dörrt das Gebein aus* (Spr 17,22).

*Er schenkt Wein, der das Herz des Menschen erfreut ...* (Ps 104,15 NGÜ).

Nun, da die Wasserkrüge geleert und gereinigt wurden, sind sie bereit, neu gefüllt zu werden. Einige der älteren Gäste bemerken: „Dieser ist nicht wie der alte Wein, den wir gewohnt sind."

*Alle waren außer sich vor Staunen. „Was hat das zu bedeu-ten?", fragte einer den anderen, aber keiner hatte eine Erklä-rung dafür. Es gab allerdings auch einige, die sich darüber lus-tig machten. „Die haben zu viel süßen Wein getrunken!", spot-teten sie. Jetzt trat Petrus zusammen mit den elf anderen Apos-teln vor die Menge. Mit lauter Stimme erklärte er: „Ihr Leute von Judäa und ihr alle, die ihr zur Zeit hier in Jerusalem seid! Ich habe euch etwas zu sagen, was ihr unbedingt wissen müsst. Hört mir zu! Diese Leute hier sind nicht betrunken, wie ihr ver-mutet. Es ist ja erst neun Uhr morgens"* (Apg 2,12-15 NGÜ).

Die Spötter dürften wahrscheinlich die religiöse Menge gewesen sein. Wie dem auch sei, diese Leute wussten einen Betrunkenen sehr wohl zu erkennen, da sie die Jünger als solche bezeichnet hatten. Wie verhält sich ein betrunkener Mensch normalerweise? Er spricht zwar, oft aber können wir nicht verstehen, was er sagt. Er fällt häufig auf den Boden. Er weint womöglich. Er tendiert auch dazu, gewisse Dinge sehr kühn zu verkünden, die ein nüchterner Mensch unter normalen Umständen nie aussprechen würde. Und wenn er einen Rausch hat, lacht er auch.

Alle diese Phänomene werden in dieser neuen Bewegung des Geistes höchstwahrscheinlich auch auftreten. Leute zu sehen, die unter der Kraft des Heiligen Geistes auf den Boden fallen, wurde in den letzten Jahren immer alltäglicher. Was aber für viele neu ist, ist die übernatürliche Freude, die sich häufig in starkem Lachen manifestiert und eine neue Kühnheit mit sich bringt, die Botschaft zu verkünden, die Gott für diese Generation hat.

Zu Beginn dieser neuen Ausgießung des Heiligen Geistes wurde sie von vielen Leuten als „Erweckung des Lachens" gebrandmarkt. Lachen ist eigentlich nur eine der vielen Manifestationen, die aufgrund der unaussprechlichen Freude in Erweckungen auftritt. Sie ist biblisch und im heutigen Leib Christi dringend nötig. Die Erweckung des neuen Weins ist gleichermaßen eine Zeit der Freude und des Lachens wie auch eine Zeit des Schluchzens, wenn unser abgestandenes, schmutziges Wasser abfließt.

Dem Wort Gottes zufolge ist eines sicher: Wir müssen diese Manifestationen aufgrund ihrer Frucht beurteilen. Was ist die Frucht? Für viele Leute, die auf eine solche Weise lachen, wird diese Freude zur Quelle tiefer Heilung. Viele Christen haben jahrelang nicht mehr gelacht. Die Gemeinde ist in den Augen der Welt häufig dafür bekannt, dass sie traurig, langweilig, und ohne Leben und Freude ist.

Gott lässt dies nun anders werden. Er gibt seiner Kirche ihre Freude wieder zurück, nämlich die Freude über die Erkenntnis, dass Gott sein Volk wahrhaftig liebt. Diese Freude ist ein echtes Phänomen, weil sie oft unkontrollierbar scheint und dennoch unter Gottes Kontrolle ist. Für Manche ist genau dies das Problem. Wenn sie etwas nicht kontrollieren können, wollen sie es nicht! Der Heilige Geist bittet die Gemeinde, freundlicherweise die Kontrolle über sich selbst, andere Menschen und andere Gemeinden loszulassen und ihn die Kontrolle übernehmen zu lassen.

In Bezug auf die Frage: „Warum lachen die Leute?", möchte ich die einfache, aber einleuchtende Erklärung eines Evangelisten wiedergeben: „Bei meinen Veranstaltungen lachen die Leute, weil sie glücklich sind."

## Füllt die Wasserkrüge

*Jesus befahl den Dienern: „Füllt die Krüge mit Wasser!" Sie füllten sie bis zum Rand* (Joh 2,6-7 NGÜ).

Auf Jesu Befehl hin eilen die Diener fort, um neuen Wein zu finden. Die Gäste strömen in Scharen herein. Der Speisemeister wird langsam besorgt und beginnt sich zu fragen, ob die Diener wohl genügend Wein herbeibringen würden, um die Gäste und diejenigen, die noch kommen würden, zufriedenstellen zu können. Jesus versichert ihm, dass die Diener mit weingefüllten Wasserkrügen zurückkommen würden!

Im vorigen Kapitel haben wir den Prozess des Entleertwerdens erwähnt und welche Rolle die Tränen dabei spielen. Nach dieser Phase fühlen wir uns sehr leicht, jedoch leer. Nun sind wir noch viel mehr bereit, mit dem neuen Wein gefüllt zu werden, ohne dass unser Weinschlauch dabei zerreißt, weil er neu geworden ist.

Beachten Sie, dass, nachdem die Diener die Wasserkrüge hergebracht hatten, Jesus wollte, dass sie diese bis zum Rand füllten. Manche Leute nehmen oft nur ein wenig und gehen dann weg. Danach wundern sie sich, warum es nicht angehalten hat. Jesus bittet Sie und mich, dass wir mit großem Durst nach einer vollständigen Erfüllung mit seinem Heiligen Geist kommen. Wenn man bis zum Rand voll ist, fließt man leicht über und verschüttet etwas. Dies ist der Punkt, an dem häufig das Lachen ins Spiel kommt. Je öfter wir kommen, desto mehr werden wir mit dem Wein des Heiligen Geistes gefüllt werden. Wenn jemand ganz von dieser neuen Freude erfüllt ist, ist dies sehr ansteckend und breitet sich leicht aus.

Deshalb ermutigen wir die Leute bei unseren Veranstaltungen, mehrmals für sich beten zu lassen, bis sie vollständig empfangen haben. Viele Leute sind es so gewohnt, einmal zum Gebet nach vorne zu kommen und dann sofort wieder zurück auf ihren Platz zu gehen. Ein zweites Mal für sich beten zu lassen, erscheint vielen als Mangel an Glauben. Dies ist eine Tradition, die geändert werden muss! Oftmals kommt sich in dieser Tradition vielleicht auch derjenige, der für andere betet, beschämt vor, da er der Annahme ist, dass er bzw. sie es mit dem ersten Gebet nicht erledigen konnte. Zu denjenigen, welche dieser Auffassung sind, sage ich: Seid unbesorgt. Sogar Jesus musste zweimal beten, bis der blinde Mann vollständig – nicht nur teilweise – geheilt war (vgl. Mk 8,22-25). Unsere Motivation sollte folgende sein: der Person solange zu dienen, bis sie in vollem Ausmaß empfangen hat. Wenn die Leute immer noch nach mehr von Gott hungern und dürsten, hindert sie doch um Himmels willen bitte nicht daran! Dies ist eigentlich das Zeichen eines ständig zunehmenden Glaubens, und nicht eines Mangels davon.

*Glückselig, die nach der Gerechtigkeit hungern und dürsten, denn sie werden gesättigt werden* (Mt 5,6).

Ein anderer Grund, mehrmals Gebet zu empfangen, ist der, dass manche Leute, für die einmal gebetet wurde, wieder entleert wurden und noch mehr Gebet brauchen, um voll zu sein. Wenn wir diesen neuen Wein einschenken wollen, müssen wir echte Diener wie jene bei der Hochzeit zu Kana werden. Die Diener füllten die Wasserkrüge, um allen Gästen zu dienen. Wir müssen von dieser Salbung so viel wie möglich empfangen – nicht nur für uns selbst, sondern so viel, damit wir auch andere damit auffüllen zu können.

## Freut euch!

*Und ihr, Söhne Zions, jubelt und freut euch im HERRN, eurem Gott! Denn er gibt euch den Frühregen nach dem Maß der Gerechtigkeit, und er lässt euch Regen herabkommen: Frühregen*

*und Spätregen wie früher. Und die Tennen werden voll Getrei-*
*de sein und die Kelterkufen überfließen von Most und Öl. Und*
*ich werde euch die Jahre erstatten, die die Heuschrecke, der*
*Abfresser und die Heuschreckenlarve und der Nager gefressen*
*haben, mein großes Heer, das ich gegen euch gesandt habe*
*(Joel 2,23-25).*

Applaus und Freudenseufzer erheitern das Hochzeitsfest. Um was
geht es bei der ganzen Aufregung? Die Diener sind mit den Wasserkrügen zurückgekommen; sie wurden gereinigt und bersten
fast vor neuem Wein. Gerade, als man dachte, das Fest sei zu Ende, stellt sich heraus, dass dies erst der Anfang war! Es ist eine Zeit
der Freude! Warum? Weil der neue Wein angekommen ist, als der
alte ausgegangen war.

Worüber sollen wir uns denn freuen? Der Heilige Geist legt seine Freude aus einem einzigen wunderbaren Grund in die Herzen
der Menschen: um seinen Geist über die ganze Erde auszugießen,
wie er es für die letzten Tagen verheißen hat. In diesem Abschnitt
im Buch Joel wird uns geboten, dass wir uns über Gottes Treue in
der Vergangenheit freuen sollen, als er uns den Regen seines Geistes gab. Seit diesem Tag der Pfingsten hat er seinen Geist auf die
verschiedenen Generationen immer wieder ausgegossen. Wir
freuen uns oft über vergangene Erweckungen und Bewegungen;
dort hört es aber nicht auf. Gott wird alles wiederherstellen, worauf wir bezüglich Erweckung in unserer Generation je gehofft
haben.

Damit ist es jedoch noch nicht zu Ende. Gott sagte, dass er alles,
was er in der Vergangenheit gegeben hat, wiederherstellen und
uns dazu noch den Spätregen geben würde. Dies passiert scheinbar gerade. Er stellt die Fülle des Heiligen Geistes wieder her.
Viele dieser Manifestationen sind, wie wir später sehen werden, in
den Geschichtsbüchern über vergangene Erweckungen dokumen-
tiert. Ebenso wie diese Freude kommen auch andere Charakteris-
tiken, wie größere Kühnheit beim Zeugnisgeben, die Zunahme
des Prophetischen, innere Heilung und die Befreiung von Bindungen vor.

Diese Freude wird im Leben der Menschen eine solche Veränderung auslösen, dass sie nie mehr dieselben sein werden. Es ist begeisternd zu beobachten, wie Leute, die depressiv, hoffnungslos und selbstmordgefährdet waren, durch diese Freude verwandelt werden. Wir haben auch erlebt, dass geistliche Diener und Pastoren, die am Rande der Resignation standen, diese Freude empfingen. Anstatt wie bittere und stagnierende Teiche zu sein, welche häufig die Fische und alle Lebensformen, mit denen sie in Berührung kommen, umbringen, werden sie selbst, ihre Ehen und auch ihre Gemeinden wieder zu Quellen lebendigen Wassers.

Eine Gemeinde voller Freude ist eine siegreiche Gemeinde! Sie zieht die Nichtgeretteten an, sich die Party wenigstens mal anzuschauen. Nun, da der Regen fällt, müssen wir den Vater bitten, dass er ihn in vermehrtem Maße schenkt. Haben Sie den neuen Wein des Heiligen Geistes einmal gekostet, wird ihnen ein Glas davon nicht genügen. Sie werden mehr davon wollen! Bitten Sie zur Zeit des Spätregens um noch mehr Regen!

> *Erbittet euch von dem HERRN Regen zur Zeit des Spätregens! Der HERR ist es, der die Wetterwolken macht, er lässt den Regen regnen, er gibt einem jeden Brot, Kraut auf dem Feld* (Sach 10,1).

Seien Sie nicht mit nur ein paar Tropfen des neuen Weins zufrieden. Bitten Sie ständig um mehr!

## Persönliche Erfahrungen

Meine erste Erfahrung mit einer Erneuerungsveranstaltung machte ich im Juli 1994 in einer Gemeinde in Kanada, wo zu jener Zeit vieles, was in dieser Erneuerung geschah, weltweite Aufmerksamkeit erregte. Wir waren lediglich in der Gegend, um Verwandte meiner Frau zu besuchen und in einer Methodistengemeinde zu predigen – so dachten wir jedenfalls. Auf dem Weg dorthin traf ich in den Gemeinden, in denen wir dienten, auf Pastoren und auf Christen, die mich dazu drängten und ermunterten, mir diesen Erweckungsgottesdienst einmal anzusehen.

Als wir unsere erste Erweckungsveranstaltung besuchten, kam sie mir für eine charismatische Gemeinde im Monat Juli ziemlich normal vor. Die Leute waren leger gekleidet. Sie sangen einige tolle Lieder und die Gegenwart Gottes elektrisierte den Ort. Dann wurde es jedoch interessant. Während der Sprecher einfach nur sprach bzw. einige Schriftstellen zitierte, fing die halbe Gemeinde aus keinem erkennbaren Grund hysterisch zu lachen an. Der Sprecher sprach einfach weiter, bis er fertig war. Das Gelächter explodierte zuweilen in Momenten, in denen sich der Sprecher am meisten bemühte, ernsthaft zu sein. Das Komische daran war, dass es bei dem, was er sagte, nichts zu lachen gab. Augenscheinlich gab es an diesem Ort entweder eine wunderbare Freude oder ich hatte den Witz nicht verstanden. Aber es war kein Witz – dies war das Ergebnis des Wirkens des Heiligen Geistes. Von anderen Manifestationen, wie Schütteln und Zittern, wurden Stephanie und ich einfach überrumpelt. Einige dieser anderen Manifestationen werde ich in einem späteren Kapitel behandeln.

In natürlicher Hinsicht schien es ein ziemlich bizarres Treffen zu sein. Ein Teil meines Problems war, dass ich nicht verstand, was zu jener Zeit im Geist geschah. Als ich meine Augen schloss und Gott um Führung bat, schenkte mir der Heilige Geist Frieden darüber und gebot mir zuallererst, nichts zu beurteilen bzw. zu kritisieren, was ich nicht verstand. Zweitens wies er mich an, diesen Segen von ihm zu empfangen, den ich gesucht und teilweise schon empfangen hatte, als ich im Abendmahlssaal in Israel war.

Während unserer Zeit dort bemerkten wir, dass viele Leute nach vorne gingen, um für sich beten zu lassen und verändert zurückkamen. Wir erkannten eine Schauspielerin wieder und auch die Fürbitteleiterin von Reinhard Bonnke, die beide mächtig vom Herrn empfingen. Wir sahen dort auch Pastoren und Leiter aus praktisch jeder Denomination, die es gibt. Und so gingen auch Stephanie und ich zum Gebet nach vorne und fielen unter der Kraft Gottes nieder. Dies passierte jedes Mal, wenn wir zum Gebet gingen. Ich spürte wirklich nichts, außer dass der Heilige Geist mich zu Boden drückte. Abgesehen davon musste ich weder lachen noch schreien noch schüttelte es mich. Eines war jedoch klar:

Wir nahmen im Glauben an, dass uns etwas Neues geschenkt wurde, was später auch offensichtlich wurde.

Am nächsten Tag predigte ich in einer Methodistengemeinde. Der Herr sagte mir, ich solle über die Taufe im Heiligen Geist sprechen und dabei nichts auslassen – weder das Zungengebet noch die Zeichen und Wunder usw. Ich war ein wenig unschlüssig darüber, da ich wusste, dass dieses Thema dort nicht gerade populär war; ich entschied mich jedoch, weise zu sein und dem Herrn zu gehorchen. Was die Situation noch schlimmer machte, war, dass es noch einen zweiten Sprecher gab, der früher ein katholischer Priester war, bevor er Methodist wurde. Er war auch der Apostel, der diese Gemeinde und noch andere in der Gegend gegründet hatte. Er sagte mir liebenswürdigerweise, ich solle mich frei fühlen, das mitzuteilen, was ich hatte, und dass er das, was ich sagen würde, bestätigen und noch etwas anfügen würde. Nun war ich mir sicher, dass ich mir Schwierigkeiten einhandeln würde! Der Herr hat wirklich Sinn für Humor!

Also sprach ich über den Heiligen Geist zur Gemeinde, ohne zum Thema etwas auszulassen. Stephanie und ihre Familie hatten einen leicht angespannten Ausdruck auf ihren Gesichtern und wussten nicht, was noch kommen würde. Dann übernahm der zweite Sprecher das Podium. Er begann ebenfalls über den Heiligen Geist zu predigen und versuchte dabei, meine Predigt zu bestätigen. Am Anfang predigte er noch ziemlich vorsichtig, aber schließlich bestätigte er, dass das, was ich gesagt hatte, definitiv das Wort Gottes war. Zum Schluss machte ich einen Gebetsaufruf und die Leute kamen nach vorne.

Dann begann Gott zu wirken. Ein Mädchen begann zu lachen und zu zittern. Andere empfingen Heilung. Das Sehvermögen einer Frau wurde vollkommen wiederhergestellt. Ein anderer Mann verspürte eine große Hitze, wie Feuer, auf seinem Rücken, die zu einer körperlichen Heilung führte. Einige begannen zu weinen und wussten nicht, warum. Später begannen viele Leute Fragen zu stellen. Sie hatten nicht gewusst, dass diese Dinge heute noch geschehen konnten. Es war eine Freude zu sehen, wie die Leute durch diese frische Salbung berührt und verändert wurden.

An diesem Punkt wurde mir bewusst, dass ich von der Erneuerungsveranstaltung etwas „mitgenommen" hatte – ob es mir nun gefiel oder nicht.

Etwas Neues geschah von nun an in unserem Dienst. Wir waren es gewohnt, Leute hinfallen zu sehen und dass sie von Krankheiten und Leiden geheilt wurden und sogar große Wunder empfingen. Aber der Unterschied war, dass diese anderen Manifestationen nun sehr häufig auch bei unseren Veranstaltungen auftraten, und dies ohne Vorwarnung.

Einige Tage später dienten wir in Sedona in Arizona, meiner Heimatstadt. Ich erzählte von Philippus, dem Evangelisten aus der Apostelgeschichte. Es war überhaupt keine lustige Botschaft, aber während ich sprach, begann praktisch jeder unkontrollierbar zu lachen. Ich war irritiert, fuhr aber trotzdem mit meiner Botschaft fort. Je länger ich sprach, desto mehr lachten sie, bis ich kaum mehr weitermachen konnte. Leute fielen von ihren Stühlen und lachten so heftig, dass ihnen ihre Bäuche wehtaten, einschließlich dem Pastor, seiner Frau und meiner eigenen Frau.

Ich war mir nicht sicher, ob sie über mich lachten oder nicht, deshalb hielt ich inne und fragte, warum sie so lachten. Hatte ich wieder einen Witz verpasst? Sie konnten es mir nicht erklären. Ich dachte mir, dass wohl niemand auf meine Predigt Acht gegeben hätte, da sie alle von Lachen überwältigt waren. Sie erwiderten, jedes meiner Worte gehört zu haben, obwohl es nicht den Anschein hatte. Sie wiederholten sogar, was ich gepredigt hatte. Sie machten auch Bemerkungen darüber, dass die Predigt sie wirklich gesegnet hätte.

Der Rest jener Woche wurde immer intensiver: es geschahen körperliche Heilungen, Zeichen und Wunder. Der Heilige Geist tat die Dinge ausnahmsweise mal auf seine Art und Weise und bat uns nicht vorher um Erlaubnis. Es geht nicht darum, ob wir alles über diese Freude verstehen oder nicht. Wir müssen es zulassen, dass der Heilige Geist uns und unsere Gemeinden mit solch einer Freude füllt, dass unser Leben dadurch verändert wird.

Was mir auffiel: Wenn der Geist der Freude vorherrscht, ist auch die Salbung zum Wunderwirken stärker und jedermanns

Glaube scheint zu wachsen. Barrieren wie Zweifel, Negativität und andere Hindernisse müssen viel schneller weichen.

Die Freude des Herrn muss uns und unsere Gemeinden sättigen. Zu lange waren wir mit langweiligen und deprimierenden Gottesdiensten zufrieden und meditierten über unsere Sünde anstatt über den Umstand, dass wir durch Buße von der Sünde freigesetzt werden können. Dies scheint für viele Christen die akzeptierte Form des Gemeindelebens zu sein, und das ist häufig so. Wäre es wirklich ein großes Problem, wenn die Leute so voller Freude wären, dass sie nicht anders könnten, als zu lachen?

Gott lädt seine Gemeinde ein, seine Gegenwart und seine baldige Wiederkunft zu feiern. Viele Menschen weinen jedes Mal, wenn sie ein Kreuz sehen. Jesus bittet uns aber auch, dass wir uns darüber freuen, dass er auferstanden ist! Das Kennzeichen vieler Kathedralen sind Kruzifixe, wodurch sie einen Eindruck von Niederlage und Trauer hinterlassen. So sehen Millionen von Menschen heute Jesus Christus – sie sind sich dessen nicht bewusst, dass er eigentlich lebt und zur rechten Hand des Vater sitzt und selbst den Tod überwunden hat. Wenn wir auf das Kreuz schauen, sollten wir nicht nur das unglaubliche Leiden sehen, das er durchlitt – was sicherlich nie vergessen werden darf. Wir sollten uns jedoch darüber freuen, dass er diesen Preis bezahlt hat, damit wir nicht in unseren Sünden sterben müssen. Wenn er diesen Preis nicht bezahlt hätte, dann gäbe es einen legitimen Grund zum Trauern, weil wir dann ohne Hoffnung wären.

Kürzlich ging ich mit einem befreundeten Pastor und einem großen Holzkreuz durch die Straßen von Paris. Wir waren mit Ernst bei der Sache, da wir für die Stadt Fürbitte taten. Bald jedoch begannen wir, von der Freude des Herrn erfüllt, zu lachen. Wir gingen an einer Bar vorbei, aus der uns die Leute in neugierigem Erstaunen anstarrten. Die Freude des Herrn spottet über die oberflächliche Freude, die die Welt gibt. Deshalb ging Jesus den ganzen Weg bis ans Kreuz: wegen der Freude, die vor ihm lag.

## Freude in Prüfungen

*Da wir nun eine solche Wolke von Zeugen um uns haben, so lasst uns jede Last ablegen und die Sünde, die uns so leicht um-strickt, und lasst uns mit Ausdauer laufen in dem Kampf, der vor uns liegt, indem wir hinschauen auf Jesus, den Anfänger und Vollender des Glaubens, der um der vor ihm liegenden Freude willen das Kreuz erduldete und dabei die Schande für nichts achtete, und der sich zur Rechten des Thrones Gottes ge-setzt hat* (Hebr 12,1-2 SLT).

Diese Freude, die vor Jesus lag, gab ihm auch die Fähigkeit, das Kreuz zu erdulden. Wir werden immer wieder mit Prüfungen und Widerständen zu tun haben. Tatsächlich werden uns, je mehr wir vom Heiligen Geist empfangen und je öfter wir gebraucht wer-den, desto mehr Prüfungen begegnen. Aber diese Freude scheint uns hindurchzutragen. Es ist diese Freude, die es Christen ermög-licht, in den Ländern, in denen sie verfolgt werden, Schwierigkei-ten zu ertragen. Die frühe Gemeinde wurde stark verfolgt, den-noch konnte die Verfolgung sie nicht aufhalten. Sie wurden nur mutiger! Zu Pfingsten empfingen sie den neuen Wein, der sie mit unbeschreiblicher Freude erfüllte. Diese Freude diente zur Heilung und zum Trost, aber auch zu einem noch viel größeren Zweck: Sie sollte die Kraft sein, die sie antrieb, furchtlos die Welt zu evangeli-sieren. Die Anschuldigungen in der Apostelgeschichte, die Jünger seien betrunken, waren teilweise wahr. Petrus hat diese Tatsache nicht abgestritten.

Petrus verkündete den Spöttern in Apg 2,15: „Denn diese sind nicht betrunken, wie ihr meint." Diese Christen waren vom himm-lischen Wein betrunken, nicht so, wie jene dachten. In Eph 5,18 wird uns geboten, nicht vom Wein betrunken zu werden. Statt-dessen werden wir angewiesen, mit dem Geist „erfüllt" zu wer-den. Trunkenheit bedeutet nicht nur teilweise, sondern bis zu unserem Fassungsvermögen mit himmlischen Wein gefüllt zu sein. Trunkenheit von irdischem Wein ist eine Sünde. Trunkenheit von himmlischem Wein ist ein Gebot. Menschen in dieser verlorenen

Welt trinken häufig, um den Schmerz dieses Lebens zu betäuben, nur um ihm am folgenden Tag wieder zu begegnen.

Wenn wir mit dem neuen Wein erfüllt sind, wird es uns möglich sein, über Verfolgung, Schmerz, Angst, Einschüchterung und jedes andere Hindernis, das gegen uns gerichtet ist, hinwegzuschauen. Der Wein muss in einem solchen Maß überfließen, dass wir in der kommenden Zeit mutige Zeugen sein können, egal, welche Verfolgung uns begegnen wird. Dies war das Geheimnis der frühen Christen und auch derer, die in Ländern leben, in denen sie verfolgt werden. Wenn wir für Erweckung beten, können wir es uns nicht leisten, die Erneuerung zu umgehen.

Ohne Erneuerung kann Erweckung gefährlich sein. Wir müssen in diese erste Erweckungsphase, die Vorbereitung, eintreten. Ohne Erneuerung werden wir nicht in der Lage sein, die Zunahme an geistlicher Kraft, welche Erweckungen begleitet, auszuhalten. Unsere Weinschläuche werden unter dem Druck platzen. Gott möchte zuerst unsere Weinschläuche stärken und reparieren!

Stephanus, der erste christliche Märtyrer, kannte diese Freude. Es war dieselbe Freude, die Jesus kannte und die ihn befähigte, das Kreuz zu ertragen. Mit Sicherheit war Jesus mit derselben Freude *erfüllt,* die ihn durch die Schmerzen des Kreuzes trug, das er willig erduldete.

*Da er aber **voll Heiligen Geistes** war und fest zum Himmel schaute, sah er die Herrlichkeit Gottes und Jesus zur Rechten Gottes stehen; und er sprach: Siehe, ich sehe die Himmel geöffnet und den Sohn des Menschen zur Rechten Gottes stehen! ... Und sie steinigten den Stephanus, der betete und sprach: Herr Jesus, nimm meinen Geist auf! Und niederkniend rief er mit lauter Stimme: Herr, rechne ihnen diese Sünde nicht zu! Und als er dies gesagt hatte, entschlief er (Apg 7,55-56;59-60, Hervorhebung des Autors).*

Die meisten westlichen Christen sind nicht mit dieser überwindenden Freude gefüllt. Ich meine damit nicht das oberflächliche Lächeln in der Gemeinde, wenn der Pastor uns darum bittet, wir sollten jemanden begrüßen. Viele Christen in unserer Gesellschaft haben sogar Angst davor, was ihre Kollegen von ihnen denken könnten, wenn sie wüssten, dass sie in eine Gemeinde gingen. Und das geschieht in einem freien Land, wo Christen wegen ihres Glaubens nicht in Gefängnisse geworfen werden bzw. Verfolgung erleiden. Irgendwie ist das Zungenreden und das „Preis dem Herrn!"-Rufen nicht genug. Wir können und müssen die Fülle des Heiligen Geistes erlangen, wenn wir nicht auf ein rein äußerliches Zeichen der Heilserfahrung reduziert werden wollen. Auch Paulus und Silas kannten diese Freude mitten in einem dunklen und schmutzigen Gefängnis:

> *Und die Volksmenge erhob sich zusammen gegen sie, und die Hauptleute rissen ihnen die Kleider ab und befahlen, sie mit Ruten zu schlagen. Und als sie ihnen viele Schläge gegeben hatten, warfen sie sie ins Gefängnis und befahlen dem Kerkermeister, sie sicher zu verwahren. Dieser warf sie, als er solchen Befehl empfangen hatte, in das innere Gefängnis und befestigte ihre Füße im Block. Um Mitternacht aber beteten Paulus und Silas und lobsangen Gott; und die Gefangenen hörten ihnen zu* (Apg 16,22-25).

Was für ein Zeugnis mussten sie für die Gefangen gewesen sein, die alle Hoffnung verloren hatten! Sogar der Wärter und seine Familie wurden aufgrund dieser explosiven Freude gerettet. Nur eine übernatürliche Freude konnte Paulus und Silas dazu bewegt haben, solche Umstände mit einem Lied in ihrem Herzen zu ertragen, was letztlich zur Öffnung der Gefängnistüren führte. Sogar Petrus schlief in der Nacht, bevor er exekutiert werden sollte, in seinem Gefängnis so tief, dass der von Gott gesandte Engel ihn schütteln musste, um ihn aufzuwecken (vgl. Apg 12,1-7). Diese Freude, die er kannte, überwand seine Ängste und schenkte ihm in einer äußerst beängstigenden Situation Frieden.

Solche Freude, die sich durch Lachen manifestiert, herrschte in den letzten Jahrzehnten nachweislich auch in Ländern wie Argentinien, China und Russland vor. Sie war ein Vorbote, der selbst inmitten starker Verfolgung zu Erweckung führte. Die mächtige Freude ist keine Kleinigkeit; sie ist ein Muss, das Sie und ich in der westlichen Welt dringend brauchen. Diese Freude ist in der Lage, uns in dieser Endzeit durch den Prozess der Erneuerung zur Erweckung zu führen, wie es die Bibel und die Geschichte selbst klar aufzeigen.

Als die Verfolgung in der frühen Gemeinde zunahm, wussten die Gläubigen, dass sie mehr von Gott in ihrem Leben brauchten, um es durch die harten Zeiten zu schaffen. Sie gingen zu Gott und baten um Mut. Was sie empfingen, war eine erneute Erfüllung mit neuem Wein. Sie wurden wiederum mit dem Heiligen Geist erfüllt und empfingen dieselbe Freude und denselben Mut. Wenn sie einmal mit dem neuen Wein erfüllt worden waren, dann aber wieder austrockneten, baten sie Gott um eine weitere Portion! Er ist ein großzügiger Gott.

*Und jetzt, Herr, sieh ihre Drohungen an und verleihe deinen Knechten, dein Wort mit aller Freimütigkeit zu reden, indem du deine Hand ausstreckst zur Heilung, und dass Zeichen und Wunder geschehen durch den Namen deines heiligen Knechtes Jesus! Und als sie gebetet hatten, erbebte die Stätte, wo sie versammelt waren, und sie wurden alle mit Heiligem Geist erfüllt und redeten das Wort Gottes mit Freimütigkeit* (Apg 4,29-31 SLT).

Beachten Sie sorgsam, dass die Freude, welche die Gemeinde in diesem Abschnitt empfing, einem bestimmten Ziel diente, nämlich dem Ziel, das Evangelium zu verkünden, die Kranken zu heilen und die Dämonen auszutreiben und ein mächtiges Zeugnis der rettenden Kraft unseres Gottes zu sein.

## Abrahams Freude

Bei der Hochzeit zu Kana werden einige Gäste beim Warten auf den neuen Wein etwas ungeduldig. Sie fragen Jesus, Maria und den Speisemeister, ob dieser neue Wein wirklich eintreffen werde, weil sie den Gedanken hegen, das Fest zu verlassen. Diejenigen, die Glauben haben, dass der Wein kommen wird, werden bleiben und es nicht bereuen.

*Und ich werde sie segnen, und auch von ihr gebe ich dir einen Sohn; und ich werde sie segnen, und sie wird zu Nationen wer-*

*den; Könige von Völkern sollen von ihr kommen. Da fiel Abraham auf sein Angesicht und lachte und sprach in seinem Herzen: Sollte einem Hundertjährigen ein Kind geboren werden, und sollte Sara, eine Neunzigjährige, etwa gebären?* (1 Mose 17,16-17)

Abraham lachte über die Verheißung; dennoch war es kein sarkastisches Lachen. Er glaubte Gott tatsächlich und eine Freude erfüllte ihn in einem solchen Ausmaß, dass er über das Unvermögen des Menschen und die Größe Gottes in der Situation lachte. Viele sind in ihrem Leben und in ihren Diensten in einer verzweifelten Situation. Es sieht so aus, als gäbe es keinen Ausweg und keinen Weg, um doch noch gesegnet zu werden und Frucht zu bringen. Im Natürlichen trifft dies wohl zu. In den vergangenen paar Jahren habe ich mehr ausgebrannte und frustrierte Pastoren und Leiter getroffen, die am Rande eines geistlichen Zusammenbruchs und der Hoffnungslosigkeit standen, als je zuvor. Viele von ihnen haben große Verheißungen von Gott über ihrem Leben und ihrem Dienst, die sich jedoch nie zu erfüllen scheinen.

Nun, da der Heilige Geist diesen neuen Wein der Freude ausgießt, werden die Wunden der Vergangenheit durch sie geheilt, der Glaube und das Vertrauen in Gottes Verheißungen wiederhergestellt und Gemeinden und Nationen in Richtung Erweckung verändert. Freude ist eine stärkere Kraft, als wir annehmen. Wir brauchen mehr von ihr, um die Stürme dieses Lebens zu überleben.

*Und Sara lachte in ihrem Innern und sagte: Nachdem ich alt geworden bin, sollte ich noch Liebeslust haben? Und auch mein Herr ist ja alt! ... Doch Sara leugnete und sagte: Ich habe nicht gelacht! Denn sie fürchtete sich. Er aber sprach: Nein, du hast doch gelacht!* (1 Mose 18,12,15).

Zu viele Menschen sind wie Sara. Ihr Lachen mag womöglich ein spöttisches gewesen sein, voller Zweifel und sturem Unglauben. Es scheint, dass es entweder den einen oder den anderen Weg gibt. Viele Leute bekommen eine Offenbarung dieser Freude, so, wie sie Abraham bekam. Und zugleich gibt es andere, die über das Lachen spotten und diejenigen zurechtweisen, die es erleben, und damit das richten, was Gott gerade tut. Dies ist eine sehr schnelle und effektive Methode, den Heiligen Geist in ihrem eigenen Leben zu ersticken.

*Andere aber sagten spottend: Sie sind voll süßen[1] Weines* (Apg 2,13).

Bloß, weil wir vielleicht nicht verstehen, was gerade geschieht, gibt uns dies keine Lizenz zu richten und das anzugreifen, was Gott im Leben einer Person möglicherweise gerade tut.

Diejenigen, die diese Freude empfangen, bekommen zudem die Kraft, Überwinder zu werden, und erleben, wie ihre Verheißungen erfüllt werden, genauso wie Abraham dies erlebte. Andere spotten und werden wie Sara, nur um dann einen Ismael hervorzubringen, was nur zu mehr Streit und Spaltung führt (vgl. 1 Mose 16,21). Bitten wir doch Gott um diese Freude, die den Glauben an seine Verheißungen hervorbringt und die über die Lügen des Feindes, es sei unmöglich und hoffnungslos, spottet.

*Meine Brüder, achtet es für lauter Freude, wenn ihr in mancherlei Anfechtungen geratet* (Jak 1,2 SLT).

*Den Abend lang währet das Weinen, aber des Morgens ist Freude* (Ps 30,6 SLT).

## Ein Blick auf die Geschichte

Während der Erweckung im 18. Jahrhundert in den USA schrieb Jonathan Edwards (1703–1746) in seinem Manuskript mit dem Titel *A Narrative of Surprising Conversions* Folgendes:

Es war überaus wunderbar zu erleben, wie die Leute manchmal von Gefühlen übermannt wurden, wenn Gott gleichsam plötzlich ihre Augen öffnete und in ihrem Verstand eine Ahnung der Größe seiner Gnade, der Fülle des Christus und dessen Bereitschaft zu retten, aufkommen ließ – nachdem sie von der Vorahnung des göttlichen Zorns überführt worden und unter einem

---

[1] In der englischen Bibelübersetzung: voll *neuen* Weines. Anmerkung d. Übers.

Schuldgefühl, das, wie sie dachten, jenseits der Gnade Gottes war, in einen tiefen Abgrund gefallen waren. Ihre *freudige* Überraschung darüber ließ sie gleichermaßen aufspringen, sodass sie so weit kamen, *in Gelächter auszubrechen*, das gleichzeitig mit Tränen hervorbrach und mit lautem Schluchzen vermischt war.[2]

Gelächter und Tränen waren in dieser Erweckung, die das Land erschütterte, alltäglich. Nachdem Charles Finney (1792-1875) den Heiligen Geist empfangen hatte, schluchzte er so laut und übermäßig, dass ein Chormitglied an seine Tür klopfte, nur um ihn in totaler Hingabe an den Herrn vorzufinden. Sie fragte ihn, ob er krank sei oder Schmerzen habe. Als Finney schließlich sprechen konnte, sagte er: „Nein, aber so glücklich, dass ich nicht leben kann."[3]

Auch die Erweckung von Wales war von Freude gekennzeichnet. Folgendes schrieb ein Journalist, der auf Besuch war, als er zusah, wie Evan Roberts das Treffen leitete:

Die vorherrschenden Zeichen dieser Erweckung sind Gebet und Lobpreis. Ein anderer beeindruckender Aspekt ist *die Fröhlichkeit und das glückliche Strahlen* des Evangelisten. Es wurde bemerkt, dass Heiterkeit die wahre Essenz seiner Kampagne ist. Für die breite Masse der gewöhnlichen Gottesdiener ist dies seine unverständlichste Phase. Sie betrachteten Religion immer als etwas Todernstes, Strenges und sogar Furchterregendes. Evan Roberts *lächelt, wenn er betet und lacht, wenn er predigt.*[4]

Evan Roberts, der das vorrangige Instrument Gottes war, um die Erweckung von Wales zu entfachen und zu leiten, war vor allem für seine ungewöhnliche Freude bekannt. Nachdem George T. B. Davis die Erweckung besucht hatte, stellte er in seinem Bericht nach Amerika Folgendes fest:

---

[2] Jonathan Edwards, *A Narrative of Surprising Conversions*, ed. Jay P. Green Sr., (Lightning Source, Inc., ISBN 1-5-58960-021-5), 26. Direkt aus dem Englischen übersetzt. Anmerkung d. Übers.

[3] Charles Finney, *Memoirs* (New York: A.S. Barnes & Co., 1876), 20, 21. Direkt aus dem Englischen übersetzt. Anmerkung d. Übers.

[4] George T.B. Davis, *When the Fire Fell, The Million Testaments Campaigns* (1945), 23. Hervorhebung hinzugefügt. Direkt aus dem Englischen übersetzt. Anmerkung d. Übers.

Ich bin gerade von einem zweitätigen Besuch des Epizentrums der Erweckung, die Wales wie einen Zyklon überflutet, zurückgekommen. Sie bringt Leute bis zur Ekstase geistlicher Inbrunst ... Eine Hymne wurde gerade angestimmt und meine Aufmerksamkeit wurde auf Evan Roberts gelenkt, der auf der Kanzel stand und die Musik mit einem vor *Freude strahlenden erhelltem Gesicht, mit einem Lächeln und sogar mit Gelächter* anführte. Was mich am meisten beeindruckte, war seine vollkommene Natürlichkeit und das gänzliche Fehlen irgendeiner feierlichen Ernsthaftigkeit seinerseits. Er sprudelte vor schierem Glück fast über, genauso jubelnd wie ein junger Man bei einem Baseballspiel. Er predigte nicht; er sprach einfach zwischen den Gebeten und Liedern und Zeugnissen und dann kaum mehr als ein paar Sätze auf einmal.[5]

In seinem folgenden Bericht begann Jonathan Edwards der Verbindung zwischen großer Freude und Zeiten der Tränen und des Zerbruchs nachzuspüren:

Die unvergleichliche Freude, von der viele sprechen, ist das, was sie finden, wenn sie sich am tiefsten im Staub befinden, *am meisten von sich selbst entleert*, als ob sie sich selbst vor Gott vernichteten, wenn sie nichts sind und Gott alles ist, wenn sie all ihre Unwürdigkeit sehen und sich nicht auf sich selbst verlassen können, sondern allein auf Christus, und Gott alle Ehre geben. Dann erfreuen sich ihre Seelen am meisten an der sättigenden Ruhe, außer dass sie sich selbst so vorkommen, als hätten sie sich nicht genügend erniedrigt; denn vor allem sehnen sie sich danach, niedriger zu sein. Einige sprechen viel über die erlesene Süße und Ruhe der Seele, die in der Übung der Aufgabe an Gott und an die demütige Unterwerfung an seinen Willen gefunden wird. Viele drücken das ernste Verlangen danach aus, Gott zu preisen, bedauern aber zur gleichen Zeit, sie könnten ihn nicht so anbeten, wie sie gerne wollten, und sie wollen, dass andere ihnen dabei helfen, ihn anzubeten. Sie wollen, dass

---

[5] Ebenda, 27.

jeder Gott preist und sind bereit dazu, alle und alles dazu aufzurufen, ihn zu preisen. Sie bringen ein sehnsüchtiges Verlangen danach zum Ausdruck, Gott verherrlichen zu wollen und
etwas zu seiner Ehre tun zu können.[6]

*... Fülle von Freuden ist vor deinem Angesicht, Lieblichkeiten in
deiner Rechten immerdar* (Ps 16,11).

Sind die Gäste und die Braut einmal von der Freude des neuen
Weins erfasst worden, werden sie nie mehr dieselben sein. Obwohl es nach außen hin nicht ganz verständlich sein mag, ist es
offensichtlich, dass der neue Wein nicht wie der alte ist. Er gibt
der Seele sogar noch größere Freude und bringt das Fest in
Schwung. Wozu ist ein Hochzeitsfest denn überhaupt da? Es ist
eine Zeit der Freude und des Lachens, in der man ständig neuen
Wein nachgeschenkt bekommt!

---

[6] Edwards, 47.

# KAPITEL 3

# Neuen Wein empfangen

*Jesus befahl den Dienern: „Füllt die Krüge mit Wasser!" Sie füllten sie bis zum Rand* (Joh 2,7).

Gott möchte diesen neuen Wein jedem geben, der ihn empfangen will. Für das Empfangen gibt es einige Bedingungen, die ich für jene Leser ansprechen möchte, die nie empfangen haben oder beim Empfangen Schwierigkeiten haben. Es kann manchmal frustrierend sein, zuzusehen, wie andere Leute durch diese Erneuerung gesegnet werden, während man selbst dasteht und sich fragt, warum man nichts empfängt. Vielleicht machen Sie sich Gedanken, was in aller Welt mit Ihnen nicht stimmt. Manche Leute sind vielleicht sogar versucht, eine gewisse Feindseligkeit gegen Gott und die ganze Bewegung zu entwickeln.

Wie wir in Kapitel 1 schon erwähnt haben, brauchen Leute oft eine völlige Reinigung und Entleerung, die nur der Heilige Geist bewirken kann, bevor sie gefüllt werden können. Dadurch, dass wir häufig für Leute beten, dass sie den neuen Wein empfangen, wurde uns bewusst, dass viele hungrige Christen einfach noch einen kleinen Tipp brauchen, damit sie empfangen können. Wenn man die Bedingungen und die Vorgangsweise kennt, die zum Empfangen des neuen Weins führen, kann man Zeit und Verwirrung sparen.

## Hunger und Verlangen

*Glückselig sind, die nach der Gerechtigkeit hungern und dürsten, denn sie sollen satt werden! (Mt 5,6 SLT).*

Nun, da der neue Wein angekommen ist, haben einige der Gäste ein Kommunikationsproblem. Sie werden scheinbar nicht alle bedient. Was sie nicht verstehen, ist, dass dies ein sehr teurer Wein ist. Die Diener werden diesen Wein nicht servieren, solange sie sich nicht absolut sicher sind, dass ihn die Gäste wirklich verlangen. Als Gast muss man den Dienern ein klares Zeichen geben, dass man wirklich durstig ist, wenn man bedient werden will. In den meisten Fällen muss man sich demütigen, sich aus seinem Sessel erheben und sein Verlangen nach dem neuen Wein deutlich zum Ausdruck bringen!

Eine der wichtigsten Voraussetzungen, um zu empfangen, ist das Verlangen, Gott stärker zu erleben. Die Verzweifelten, die fast am Verhungern sind nach mehr von Gott in ihrem Leben, sind diejenigen, die am meisten empfangen. Deshalb reisen Leute um die halbe Welt an bestimmte Orte, um neuen Wein zu bekommen. Sie lassen häufig ihre Familien und Dienste zurück und geben ihre ganzen Ersparnisse aus, nur weil sie empfangen wollen. Einige halten dies für verrückt. Aber eines ist sicher: Leute, die so etwas tun, kommen aufgrund ihres Hunger und ihrer Entschlossenheit, etwas zu empfangen, normalerweise gefüllt zurück.

Viele, die tagaus und tagein eine solche Erneuerungsbewegung miterleben, beklagen sich und fragen sich, warum sie nicht immer soviel wie die anderen empfangen, die von weit her kommen. Empfangen hat etwas damit zu tun, wie verzweifelt man es wünscht. Diejenigen, die auf der Suche nach Erneuerung weite Reisen auf sich nehmen, buchen meistens ein Hotel und haben, weit weg von der Geschäftigkeit der Arbeit und des Dienstes, mehr Zeit, den Herrn vor den Veranstaltungen zu suchen. Was immer dafür nötig ist, um Zeit allein mit Gott zu verbringen, damit man selbst erweckt wird, ist es wert.

Als der Goldrausch in Kalifornien begann, reisten die Leute von überall auf dem Kontinent dorthin, in der Hoffnung, Gold zu finden und reich zu werden. Genauso ist es in vielen Entwicklungsländern: Wenn Wasserknappheit herrscht, reisen die Leute stundenlang und gehen sogar tagelang zu Fuß, um Wasser zu bekommen. Sie wissen, dass dies ihre einzige Chance zum Überleben ist. Sie sind verzweifelt und durstig.

Die Gemeinde braucht heutzutage genauso dringend den neuen Wein des Heiligen Geistes. Der alte Wein geht bald aus! Gehen Sie, wo immer Sie hingehen können, um den Fluss zu finden, wo das frische Wasser des Heiligen Geistes fließt. Bleiben Sie dort, bis die Erneuerung Sie ganz durchdrungen hat und bringen sie sie zurück in Ihre Gemeinde, Stadt und Nation. Dies ist keine kurzlebige Modeerscheinung. Es geht um das geistliche Überleben für die Zeiten, die vor uns liegen. Man hat kein Recht, eine Person, die am Verdursten ist, zu kritisieren, dass sie überall herumreist, um eine Wasserquelle zu finden.

Es stimmt, dass man nicht notwendigerweise weit reisen muss, um diese Erfrischung zu finden. Trotzdem sind manche Leute so verzweifelt, dass sie keine Zeit verlieren, wenn sie von einem Brunnen erfahren, sondern einfach hingehen. Es ist viel leichter, dorthin zu gehen, wo man weiß, dass es vor Erneuerung nur so sprudelt, und es ist leichter, dort zu empfangen, weil es an dem Ort eine viel größere Erwartungshaltung gibt.

Wenn Sie den Herrn mit Ihrem ganzen Herzen suchen, werden Sie gefüllt werden. Er wird Ihnen zeigen, was Sie tun sollen und wohin Sie gehen sollen. Vielleicht empfangen Sie auch während einer Zeit des Gebets und des Fastens. Die meisten Leute jedoch empfangen diese Ausgießung entweder, indem sie irgendwo hingehen, wo sie passiert, oder durch einen Dienst, der in ihre Gemeinde kommt und ihnen den neuen Wein „serviert".

Wie schon erwähnt, begannen meine Frau und ich diesen Segen auf einem evangelistischen Einsatz nach Israel zu empfangen, und danach führte uns Gott so, dass wir in mächtigen Erneuerungsveranstaltungen noch mehr bekamen. Schließlich zeigte uns Gott, wie wir den neuen Wein direkt von ihm empfangen konnten. Wir lernten, wie wir diesen neuen Wein behalten und trinken konnten, wann immer wir am Austrocknen waren, anstatt diese Salbung immer wieder importieren zu müssen. Wir werden über diesen Aspekt des Behaltens des neuen Weins im nächsten Kapitel sprechen.

Das Wichtige ist, hungrig und durstig nach mehr von Gott zu sein, dann können Sie ständig davon gefüllt sein. Wenn Sie den Hunger und die Verzweiflung, die Sie haben sollten, nicht haben, brauchen Sie sich nicht schuldig zu fühlen – bitten Sie Gott einfach, diesen Hunger und Durst in Ihnen zu entfachen. Es kann sein, dass er Ihnen möglicherweise alle Ihre Sicherheiten wegnimmt, mit denen Sie sich in Ihrem geistlichen Lebens bis jetzt zufriedengegeben haben, bis Sie vor dem Herrn zerbrochen sind. Was immer dazu nötig ist, es ist den Preis wert, denn sobald Sie einmal ausgeleert und wieder gefüllt wurden, werden Sie mehr zu geben haben.

## Im Glauben empfangen

Einige Hochzeitsgäste sind sich nicht so recht sicher, ob sie den neuen Wein empfangen werden, selbst wenn Sie den Dienern ein Zeichen geben. Die Halbherzigen unter ihnen heben ihre Hände und geben kein klares Signal. Als Gast müssen Sie Glauben haben, dass Sie diesen neuen Wein empfangen werden, wenn Sie darum bitten. Halten Sie sich nicht selbst zum Narren. Bitten Sie im Wissen, dass Sie empfangen werden!

Die grundlegendste Bedingung, irgendetwas vom Herrn zu empfangen, bleibt immer die Gleiche. Wir empfangen durch unseren einfachen, kindlichen Glauben. Im Glauben haben wir auch an Jesus Christus geglaubt und wurden gerettet. Im Glauben empfangen wir Heilung. Im Glauben empfangen wir die Taufe des Heiligen Geistes und alles andere vom Herrn. Einige haben die Vorstellung, dass sie jedes Mal etwas spüren, eine Art von Vision haben oder von Engeln besucht werden müssen, bevor sie darauf vertrauen, dass sie etwas empfangen haben. Andere glauben, dass sie noch nichts empfangen haben, weil sie bestimmte Manifestationen nicht erleben, die sie bei anderen beobachtet haben.

Als ich diese neue Salbung das erste Mal empfing, tat ich das im Glauben. Ich vertraute Gott, dass er mir etwas gegeben hatte. Am

Anfang spürte ich nichts Besonderes und erhielt damals auch keine großartige Offenbarung. Ich glaubte einfach, dass ich etwas von Gott empfangen hatte. Nur wenige Tage später erlebten wir, wie dieser neue Wein die Gemeinden, in denen wir dienten, überflutete. Verschiedene Dinge passierten in unseren Treffen, die uns neu waren. Dann erlebten wir den Beweis unseres kindlichen Glaubens, obwohl wir das alles noch nicht ganz verstanden.

Als wir das erste Mal Gott darum baten, diesen Segen zu empfangen, hätten wir für uns selbst denken können: *Nun gut, ich vermute, das war nicht für mich.* Wenn wir mit diesem Gedanken von der Veranstaltung weggegangen wären, weil wir keine physische Auswirkung erlebt hatten, als für uns gebetet wurde, wären wir leer ausgegangen. Es ist häufig so, dass die Leute, die am meisten empfangen, nicht immer eine sofortige äußerliche Manifestation erleben, wie es sich später zeigt. Wir können nicht nur aufgrund von äußerlichen Zeichen urteilen.

Sie müssen mit der Haltung vor Gott kommen, dass Sie aus keinem anderen Grund empfangen werden, als dem, dass es in der Bibel steht. Was immer man im Gebet im Glauben bittet, wird man empfangen, wenn es in Übereinstimmung mit dem Willen Gottes steht. Es ist bestimmt Gottes Wille für Sie, dass Sie mit einer neuen Freude und Salbung erneuert werden, die Ihr Leben und das Leben der anderen um Sie herum verwandeln wird.

*Und ich sage euch: Bittet, und es wird euch gegeben werden; sucht, und ihr werdet finden; klopft an, und es wird euch geöffnet werden! Denn jeder Bittende empfängt, und der Suchende findet, und dem Anklopfenden wird geöffnet werden. Wen von euch, der Vater ist, wird der Sohn um einen Fisch bitten – und wird er ihm statt des Fisches etwa eine Schlange geben? Oder auch, wenn er um ein Ei bäte – er wird ihm doch nicht einen Skorpion geben? Wenn nun ihr, die ihr böse seid, euren Kindern gute Gaben zu geben wisst, wie viel mehr wird der Vater, der vom Himmel gibt, den Heiligen Geist geben denen, die ihn bitten!* (Lk 11,9-13).

Einer der größten Gegenspieler Ihres Glaubens ist die Angst. Sie wird sie oft daran hindern, etwas von Gott zu empfangen. Manche

Leute haben vor allem wegen der Manifestationen Angst vor dieser neuen Bewegung Gottes. Sie fürchten sich, dass Sie statt des Heiligen Geistes einen Dämon bekommen. Wenn wir unserem himmlischen Vater vertrauen, sollten wir keine solche Angst haben. Das Wort Gottes sagt uns: Wenn wir unseren Vater um Brot bitten, wird er uns keinen Stein geben. Er wird uns ganz bestimmt keinen Dämon geben, wenn wir ihn um mehr vom Heiligen Geist und seiner Gegenwart in unserem Leben bitten!

Eine andere Furcht, welche die Leute manchmal haben, ist die Angst, umzufallen. Einige haben in der Vergangenheit schlechte Erfahrungen damit gemacht, als jemand unter vermeintlicher Salbung, sie so geschubst hat, dass sie auf den Boden fielen. Jemand, der so etwas tut, versucht vielleicht, sich als sehr gesalbt darzustellen, obwohl er die Situation manipuliert. Lassen Sie nicht zu, dass vergangene Erfahrungen Sie am Empfangen hindern. Konzentrieren Sie sich einfach auf Jesus, und wenn Sie sich dann auf dem Boden wiederfinden, ist das in Ordnung. Wenn Sie immer noch stehen, ist das auch in Ordnung. Umfallen – oder jedes andere Phänomen – ist nicht notwendigerweise ein sicheres Zeichen des Empfangens, obwohl es häufig darauf hinweist, dass Gottes mächtige Kraft wirkt.

Wenn der neue Wein des Heiligen Geistes im Überfluss vorhanden ist, habe ich Folgendes bemerkt: Häufig wird dann die Salbung so stark, dass Leute zu Boden fallen, bevor überhaupt Hände auf sie gelegt werden. Oftmals können Leute einfach nicht stehenbleiben, weil die Herrlichkeit Gottes zu stark ist, als dass sie diese stehend aushalten könnten. Unser natürlicher Körper kann nur ein gewisses Maß an Geist aufnehmen, bevor er mit Umfallen, Zittern, Lachen usw. darauf zu reagieren beginnt. Lassen Sie sich nicht durch die Manifestationen ablenken bzw. versuchen Sie nicht, eine bestimmte Manifestation zu bekommen. Empfangen Sie einfach mehr von Jesus und bitten Sie mit voller Zuversicht um seine Liebe.

Wenn ich diene, bitte ich die Leute oftmals, direkt vom Heiligen Geist zu empfangen, während sie darauf warten, dass wir persönlich für sie beten. Dies hat schon dazu geführt, dass Scharen von

Menschen in einer Veranstaltung durch die Kraft Gottes wie Dominosteine auf den Boden gefallen sind. Ein Mann fragte einmal den Pastor, ob er sich vor dem Gebet auf den Boden legen dürfe, damit die Umstände und seine Angst vor dem Fallen ihn nicht vom Empfangen ablenken würden. Er tat dann genau das und empfing an diesem Abend sehr viel. Bitten Sie einfach um das Brot des Himmels, anstatt sich Sorgen darüber zu machen, was passieren wird, wenn Sie empfangen.

> *Und ohne Glauben ist es unmöglich, Gott zu gefallen. Wer zu Gott kommen will, muss glauben, dass es ihn gibt und dass er die belohnt, die ihn aufrichtig suchen* (Hebr. 11,6 NGÜ).

Wir brauchen Glauben an einen guten und gebenden Vater, einen Glauben, der beständig ist und ihn aufrichtig sucht. Unser Glaube wird belohnt werden, wenn wir mit der Bereitschaft kommen, alles Nötige zu tun, um alles zu empfangen, was er für uns bereithält. Mit dieser Motivation ist unsere Belohnung nicht fern. Wenn wir dadurch eine engere und intimere Gemeinschaft mit Gott, unserem Vater, bekommen, lohnt es sich auf alle Fälle.

Jungen Leute oder Neubekehrten fällt das Empfangen scheinbar viel leichter als anderen Gläubigen. Der Grund dafür liegt häufig in ihrem kindlichen Glauben, der einfach nur empfängt. Wir müssen zu diesem kindlichen Glauben zurückkehren! Auch wenn wir älter sind bzw. den Herrn schon viele Jahre lang kennen, ist es kein Ding der Unmöglichkeit, sondern einfach eine Einstellungssache. Werden Sie wie ein Kind.

## Die Kontrolle aufgeben

Wenn die geladenen Gäste kommen, setzen sie sich nieder und lassen sich den neuen Wein servieren. Einige kommen bis zu diesem Punkt, heben den Becher an ihre Lippen, nehmen einen Schluck davon, um sich zu erfrischen, und hören dann auf, weil sie nicht von der Stärke des neuen Weins fortgerissen werden wollen. Sie haben große Angst davor, sich dann nicht mehr beherrschen zu können. Dies sind jene Gäste, welche die Kontrolle nicht verlieren wollen.

Stellen Sie sich vor, dass Sie schon tagelang in einer Wüste sind und bei 40 Grad heißem Wetter unter der sengenden Sonne nach Trinkwasser suchen. Dann finden Sie endlich ein fließendes Gewässer. Automatisch werden Sie sofort einen Schluck nehmen und ihre Füße abkühlen wollen. Dann wollen Sie sich noch mehr abkühlen und entschließen sich, sich bis zur Hüfte hineinzuwagen. Sie halten sich an einem Felsblock in der Nähe fest und versuchen, noch tiefer in das brausende Wasser hineinzugehen. Sie gehen bis zum Hals hinein, um wirklich erfrischt zu werden. An diesem Punkt halten Sie sich immer noch verzweifelt an dem Felsblock fest, damit Sie von der starken Strömung des Flusses nicht fortgerissen werden.

Viele Leute stecken in diesem Dilemma. Sie wollen sich ihre Füße nassmachen und haben ein großes Bedürfnis nach Abkühlung und Erneuerung. Das einzige Problem ist, dass sie nicht ganz hineingehen. Viele fangen an zu empfangen und von dem Geschmack der Erneuerung zu kosten. Sie beten sogar: „Mehr, Herr!" Wenn aber der Punkt kommt, an dem das Wasser ihren Kopf erreicht und an dem sie durch die Kraft der Strömung langsam den Halt am Felsblock verlieren, weichen sie zurück und waten langsam wieder aus dem Fluss heraus.

Das Problem ist Kontrolle. Es wird ihnen bewusst: Wenn sie es zulassen wollen, dass ihr Leben und ihre Gemeinden ganz in die Strömung des Heiligen Geistes geraten, dann müssen sie loslassen und die Kontrolle aufgeben. Eine kleine Erfrischung macht ihnen nichts aus, sie wollen jedoch den Griff, den sie um ihre Gemeinden, Dienste bzw. ihren Ruf haben, nicht verlieren. Wenn Sie sich mit einer Hand an einem Felsen festhalten und Ihre Füße im Fluss den Boden berühren, dann halten Sie, obwohl Sie teilweise drin sind, noch immer an der Kontrolle fest.

Der Heilige Geist fordert uns Christen und Leiter heraus, in diesen Fluss einzutauchen und ihm die Kontrolle zu überlassen, welche wir über unser Leben und unsere Dienste ausüben, und uns durch den Fluss des Geistes leiten zu lassen. Es kommt der Punkt, an dem wir entweder ganz hineingehen oder uns nur mit wenig zufriedengeben. Es ist eine Sache des Vertrauens, zuzulassen, dass

Gott unsere Gemeinden, unser Leben und unsere Dienste über- nimmt, wenn wir von seiner Strömung mitgerissen werden und ihm die Kontrolle ganz übergeben. Der Heilige Geist fordert sein Volk heraus, ganze Sache mit ihm zu machen.

Entweder ist diese Erneuerung von Gott und wird dann in unse- rem persönlichen Leben, unseren Gemeinden und Städten Erwe- ckung bringen, oder sie ist nicht von Gott. Wenn wir wirklich glauben, dass sie von Gott ist, dann müssen wir dem Heiligen Geist die Kontrolle ganz überlassen. Es ist wie beim Autofahren. Früher ließ ich nie jemanden mit meinem Auto fahren, wenn ich selbst im Auto saß. Ich bestand immer darauf, selbst zu fahren, da ich mich hinter dem Steuer einfach wohler fühlte. Dies war zu einem bestimmten Grad ein Zeichen von Angst, jemand anderem das Steuer zu überlassen und die Kontrolle abzugeben.

Wenn wir dem Heiligen Geist die Kontrolle nicht ganz überlas- sen, ist teilweise auch der Grund, warum Gemeinden und Indivi- duen sich ein paar Wochen lang an diesem neuen Wein erfreuen und sich danach wundern, warum er nicht mehr da ist. Einzelne Gläubige, Gemeinden und Dienste, die dagegen den ganzen Weg gehen und zulassen, dass der Heilige Geist das Kommando über- nimmt, erleben in ihrem Leben und in ihren Gemeinden, dass sie viel Frucht bringen und eine ständig zunehmende Salbung von Gott bekommen. Im folgenden Kapitel werde ich erklären, wie man den neuen Wein behalten und wie man verhindern kann, dass er uns abhanden kommt.

Der Heilige Geist ist treu. Wenn er das Sagen hat, wird er es besser machen, als wir es jemals könnten. Er wird uns klare An- weisungen geben, anstatt dass wir ihm Befehle erteilen. Geben Sie sich nicht mit nur einer Erfahrung zufrieden. Lassen Sie zu, dass diese Bewegung Gottes Ihr Leben und Ihren Dienst durch- dringt, bis sie sich zu einer explosiven Erweckung entwickelt, wel- che Städte und Nationen erschüttern wird. Wir müssen diesen Moment in der Geschichte festhalten. Eine solche Art der Ausgie- ßung kommt höchstens einmal im Leben! Wir haben das Glück in Zeiten wie diesen zu leben!

## Analysieren Sie nicht

Es gibt verschiedene Gäste auf diesem Fest. Manche würden gerne tiefe, theologische Diskussionen über den neuen Wein führen, alle seine Auswirkungen analysieren, die Vor-und die Nachteile abwägen und ihn trotzdem nie wirklich kosten. Diese ganzen Konversationen und Analysen haben wenig Sinn, denn solange diese Gäste den Wein nicht gekostet haben, werden sie nie wirklich wissen, wie er schmeckt. Solche Menschen werden weiterhin in ihrer eigenen Logik gefangen bleiben, indem sie alles zuerst herausfinden wollen.

Vielleicht kommt Ihnen das bekannt vor. Sie stehen da und warten darauf, dass für Sie gebetet wird. Jemand kommt und fängt an, für Sie zu beten. Sie fragen sich, ob Sie wirklich empfangen werden bzw. ob die Person, die für Sie betet, wirklich auch die entsprechende Salbung hat. Plötzlich spüren Sie eine wohltuende Gegenwart. Sie fragen sich, ob das, was Sie spüren, wirklich von Gott ist oder nur eine Fantasievorstellung. Dann spüren Sie, dass Sie kurz vor dem Umfallen sind und die Gegenwart des Heiligen Geistes Sie sanft (oder kräftig) in Richtung Boden zieht. An der Stelle öffnen Sie Ihre Augen, um sicherzugehen, dass Sie nicht geschubst bzw. manipuliert worden sind, nur um herauszufinden, dass dies nicht der Fall ist. Da die Salbung auf Ihnen zunimmt, gehen Sie einen Schritt zurück und dann noch einen und wieder einen, damit sie nicht umfallen. Was Sie gerade getan haben, ist, zu analysieren und sich zu weigern, dem Heiligen Geist die Kontrolle zu übergeben. Dies stellt ein großes Hindernis dar, welches Sie vom Empfangen abhält. Ihr natürlicher Verstand übernimmt und entzieht sich der Kontrolle des Heiligen Geistes.

Gott will unsere natürlichen Sinne in Erstaunen versetzen. Wir müssen nicht alles verstehen und alles gedanklich unter Kontrolle haben, bevor wir empfangen können. Dies kann vor allem bei christlichen Leitern, Menschen in Autoritätspositionen und bei hochgebildeten Menschen zum Problem werden. Sie sind es gewohnt, jede Situation einzuschätzen, da sie normalerweise diejenigen sind, die für alles verantwortlich sind, was passiert. Wir können dies jedoch überwinden, indem wir unsere Sinne und Gedanken auf Jesus konzentrieren und nicht auf das, was wir sehen und hören, fühlen bzw. nicht fühlen. Zuweilen werden wir unseren Verstand disziplinieren und ihm befehlen müssen, zur Ruhe zu kommen, während wir unsere Aufmerksamkeit weiter auf das Empfangen richten.

Um diese Hindernisse zu überwinden, müssen wir erneut wie ein Kind empfangen. Unser Verstand tendiert dazu, Dinge zu komplizieren. Einen kindlichen Glauben zu haben, bedeutet, dass wir die Logik unseres hochentwickelten Denkprozesses auf den Kopf stellen. Wir müssen zu dem Punkt kommen, an dem wir alles von Gott wollen, ob wir nun alles verstehen, was es mit sich bringt, oder nicht.

Haben Sie in Bezug auf Jesus und seine Errettung schon alles verstanden, bevor Sie ihn angenommen haben? Nein, aber Sie wussten, dass Ihr Leben leer und voller Sünde war und dass Jesus das ändern und Ihre Leere füllen konnte. Später haben Sie mehr über ihn erfahren und hoffentlich haben Sie ihn jeden Tag besser kennengelernt. Wenn Sie darauf gewartet hätten, bis Sie jeden Aspekt von Jesus und der Bibel verstanden hätten, würden Sie bis zum heutigen Tag noch nicht gerettet sein.

Dasselbe gilt für das Empfangen der Taufe im Heiligen Geist. Haben Sie verstanden, wie es zuging, dass Leute in Zungen sprachen oder prophezeiten, als sie die Taufe im Heiligen Geist empfingen? Nein, aber Sie wussten, dass die Kraft Gottes da war und dass Sie diese Kraft dringend brauchten, um in Ihrem christlichen Leben mutig und siegreich sein zu können. Verglichen mit den ersten Christen in der Bibel, wussten Sie, dass etwas in Ihrem Leben fehlte. Später lernten Sie immer mehr über den Heiligen Geist und sein Wirken, obwohl wir alle immer noch mehr darüber lernen. Beim Empfangen des neuen Weines des Heiligen Geistes ist es nicht anders. Es mag einige neue Manifestationen geben, die Sie nicht ganz verstehen, aber es ist dasselbe Prinzip und derselbe Heilige Geist.

Stellen Sie sich einen Jungen vor, der nicht mehr von einem Baum herunterkommt. Sein Vater sagt: „Spring nur, ich werde dich auffangen." Der kleine Junge wird einfach vertrauensvoll springen, ohne zweimal darüber nachzudenken, ob sein Vater ihn wirklich auffangen wird oder nicht. Manche von uns sind wie dieser kleine Junge auf dem Baum, und dennoch antworten wir auf Gottes Einladung damit, dass wir die Distanz zwischen uns selbst und dem Boden abschätzen und rufen: „Warte mal, wenn ich springe, wie kann ich sicher sein, dass du mich auffängst?" Wir überlegen womöglich weiter: „Vielleicht ist dies gar nicht mein Vater, der mir sagt, dass ich in seine Arme springen soll!" Solche Leute brauchen viel länger, um die Sicherheit des Baumes loszulassen und vom Vater Hilfe zu empfangen.

Wenn Sie völliges Vertrauen und völlige Zuversicht zu Ihrem himmlischen Vater haben, brauchen Sie sich nicht zu fürchten. Diese Angst ist die Wurzel allen Analysierens. Vielleicht sind Sie von anderen Vaterfiguren ausgenutzt worden. Sie müssen es zulassen, dass Gottes Liebe dieses Misstrauen in Ihnen überwindet.

*Furcht ist nicht in der Liebe, sondern die vollkommene Liebe treibt die Furcht aus, denn die Furcht hat es mit Strafe zu tun. Wer sich aber fürchtet, ist nicht vollendet in der Liebe* (1 Joh 4,18).

## Nicht durch Werke

Am meisten Anstoß erregen jene Gäste, die versuchen, den Speisemeister zu bezahlen, um sicherzugehen, dass sie bedient werden. Dies sind die anstößigsten Gäste, weil sie sich mit dem Empfangen schwertun. Der Wein ist gratis und kann nur auf diese Weise empfangen werden. Die Diener sind ungehalten bei dem Gedanken, dass jemand versuchen würde, den Speisemeister des Festes zu bezahlen, während andere den Wein umsonst bekommen. Es gibt keine Ausnahmen – jeder muss ihn im Glauben empfangen, und zwar unentgeltlich. Man kann ihn nicht verdienen. Schließlich ist jeder der Gäste nur hier, weil er eingeladen wurde. Dies ist kein Restaurant, sondern eine Hochzeitsfeier. Alles andere wird als Bestechung angesehen.

Menschen, die denken, ihre Gebete würden beantwortet werden, weil sie es verdienen, tun sich mit dem Empfangen des neuen Weines meist am schwersten. Wenn ich anfange, mit Leuten zu beten, damit sie den neuen Wein empfangen, erlebe ich ziemlich häufig, dass die Person dann anfängt, laut in Zungen zu beten, bis sie ganz blau im Gesicht wird, und Gott anzuflehen, er möge sie doch füllen. Gewöhnlich bitte ich die Person dann, mit dem Beten aufzuhören, sich zu entspannen und einfach zu empfangen.

Für viele ist es scheinbar unmöglich, mit dem Beten aufzuhören, um zu empfangen. Als Sie Jesus empfingen, geschah es im Glauben, nicht durch Ihre ständigen, bittenden Gebete. Wenn Sie jemandem etwas schenken, wäre es ziemlich eigenartig, wenn die Person darauf mit Bitten reagieren würde, nachdem Sie ihr gerade gesagt haben, dass das Geschenk ihr gehört. Sobald Sie sich entschließen, damit aufzuhören, Gott beeindrucken zu wollen, und einfach seine Gegenwart auf sich wirken zu lassen, können Sie so viel leichter empfangen.

Dieses sich Abmühen kann man mit zwei Personen vergleichen, die sich auf den einander gegenüberliegenden Seiten einer Einbahnstraße befinden und versuchen, dasselbe Auto in die entgegengesetzten Richtungen zu schieben. Das Auto wird sich nicht weit vorwärtsbewegen, bis einer der beiden aufgibt und das Schieben dem anderen überlässt. Es ist viel einfacher, wenn wir aufgeben und Gott an unserer Statt arbeiten lassen.

Sie können diesen Segen nicht verdienen, denn er wird durch den Glauben empfangen, und zwar nicht durch den Glauben an Ihre Gebete, sondern durch den Glauben an seine Gnade. Diese Art von Glauben weiß, dass, wenn Gott Sie nicht auffüllt, es auch durch Ihre Werke nicht geschehen wird. Dies bedeutet es, Glauben an seine Gnade zu haben, anstatt Glauben an Ihren Glauben.

*Denn aus Gnade seid ihr errettet durch den Glauben, und das nicht aus euch — Gottes Gabe ist es; nicht aus Werken, damit niemand sich rühme* (Eph 2,8-9 SLT).

Dieser Abschnitt kann sehr demütigend sein, wenn man versteht, was Paulus hier wirklich ausdrücken will. Sogar der Glaube, den wir zu haben behaupten, ist zunächst nicht unser eigener Glaube. Er wurde uns von Gott gegeben. Wenn Gott uns also keinen Glauben schenkt, können wir auch nicht glauben. Deshalb können wir uns nicht einmal unseres eigenen Glaubens rühmen, weil er zuallererst nicht der unsere ist. Gott gibt jedem Menschen ein bestimmtes Maß an Glauben.

Als ich mich das erste Mal mit dieser Wahrheit auseinandersetzte, dachte ich: *Nun, wozu nützt dann das Gebet, wenn alles durch Gnade kommt?* Die Wahrheit ist, dass beide zusammenwirken. Manche würden sagen: „Gott wird tun, was er will und wann er es tun will." Andere glauben, dass allein ihr Glaube bewirkt, dass Gott etwas für sie tut. Jede dieser Wahrheiten wird uns, ins Extrem getrieben und ohne dass die andere sie ausgleicht, auf eine falsche Fährte führen. Es geht um die Balance zwischen beiden. Als Sie gerettet wurden, wurden Sie nicht durch Ihre Werke gerettet, sondern aufgrund von Gottes Gnade. Anderseits ist der einzige Weg, diese Gnade zu erhalten, der, dass Sie sich im Glauben nach ihr ausstrecken und sie nehmen und sagen: „Ich nehme sie an." Nur dadurch erhalten Sie diese Gnade. Hierbei wirken beide, Glaube und Gnade, Seite an Seite.

Unser Wille muss sich ausstrecken und diese gegenwärtige Erneuerung im Glauben annehmen. Sie ist ein kostenloses Geschenk der Gnade Gottes. Es ist so einfach, dass man dazu neigt, es komplizierter zu machen. Am besten kann man es verstehen, wenn man die Bibel wie ein Kind liest und seine Gabe wie ein Kind empfängt.

## Extra Öl

*Dann wird das Reich der Himmel zehn Jungfrauen gleichen, die ihre Lampen nahmen und dem Bräutigam entgegengingen. Fünf von ihnen aber waren klug und fünf töricht. Die törichten nahmen zwar ihre Lampen, aber sie nahmen kein Öl mit sich. Die klugen aber nahmen Öl in ihren Gefäßen mitsamt ihren Lampen. Als nun der Bräutigam auf sich warten ließ, wurden sie alle schläfrig und schliefen ein. Um Mitternacht aber entstand ein Geschrei: Siehe, der Bräutigam kommt! Geht aus, ihm entgegen! Da erwachten alle jene Jungfrauen und machten ihre Lampen bereit. Die törichten aber sprachen zu den klugen: Gebt uns von eurem Öl, denn unsere Lampen erlöschen! Aber die klugen antworteten und sprachen: Nein, es würde nicht reichen für uns und für euch. Geht doch vielmehr hin zu den Händlern und kauft für euch selbst! Während sie aber hingingen, um zu kaufen, kam der Bräutigam; und die bereit waren, gingen mit ihm hinein zur Hochzeit; und die Tür wurde verschlossen. Danach kommen auch die übrigen Jungfrauen und sagen: Herr, Herr, tue uns auf! Er aber antwortete und sprach: Wahrlich, ich sage euch: Ich kenne euch nicht! Darum wacht! Denn ihr wisst weder den Tag noch die Stunde, in welcher der Sohn des Menschen kommen wird* (Mt 25,1-13 SLT).

Wir leben in einer Zeit im Leib Christi, in der der Heilige Geist uns bittet, mit dem Füllstand des Öls in unseren Lampen nicht zufrieden zu sein, sondern extra Öl in unseren Gefäßen mitzunehmen. Wir sind wohl gerettet und im Heiligen Geist getauft und dennoch fehlt uns etwas. Der alte Wein des Geistes ist in Ordnung, aber was werden wir tun, wenn er ausgeht? Der neue Wein ist das frische Öl, das uns an jenem Punkt begegnet, wo unser derzeitiger Becher leer wird. Die Charismatische Erneuerung ist dabei, zu versiegen und in vielerlei Hinsicht zu einer Tradition zu werden. Der Heilige Geist lädt uns ein, diesen neuen Wein des Heiligen Geistes zu empfangen, der uns durch die dunklen Stunden der Versuchung und Leere in eine großartige Zeit der Erweckung hineinführen wird.

Haben Sie schon alles, was nötig ist, um diese Welt für Christus zu gewinnen? Brennen Sie leidenschaftlich für die Verlorenen? Werden Sie immer noch von einem Geist der Fürbitte und des Ringens für die Menschen, die auf dem Weg in die Hölle sind, übermannt und schluchzen Sie für ihre Rettung, wie Sie es früher einmal getan haben? Wenn Sie verlorene Menschen in einem von Drogen verseuchten Stadtviertel auf dem Weg zur Zerstörung sehen, werden Sie dann von Erbarmen ergriffen oder haben Sie sich mit dem Zustand der Dinge abgefunden? Wenn Sie dieses Bewusstsein der Dringlichkeit für die Verlorenen verloren haben, dann ist dies nur eines der vielen Zeichen, dass Sie mehr vom Heiligen Geist brauchen. Trinken Sie vom Wasser des Heiligen Geistes, bis Sie ganz von ihm und seinem Herzen für diese Welt überwältigt sind.

Wenn Sie von dieser Erneuerung berührt worden sind, geben Sie sich nicht zufrieden damit! Verlangen sie nach mehr! Diejenigen mit der größten Salbung sind nicht jene, die sich nur mit ein wenig Segen zufriedengeben. Sie wollen das Gesamtpaket! Wenn Sie einmal vom neuen Wein gekostet haben, sollten Sie sich ständig nach mehr davon sehnen, oder Sie werden selbstzufrieden werden. Schlussendlich wird diese Zeit der Erfrischung Früchte hervorbringen. Diese Früchte, wie Liebe für andere Menschen, eine innigere Gemeinschaft mit Gott und eine brennende Leidenschaft für die Verlorenen, werden zur größten Erweckung in der Geschichte führen.

Dieser neue Wein ist zu vielem mehr da als nur zu unserer Erfrischung oder um uns mit Freude zu erfüllen. Dies ist lediglich die erste Phase eines viel höheren Zwecks als nur Ihre eigene persönliche Erfüllung und Ihr Glück. Ihr Gefäß wird als Vorbereitung für eine größere Salbung, als Sie jemals für möglich hielten, wiederhergestellt und erneuert werden, damit Sie erleben, wie der Missionsbefehl in Ihrem und durch Ihr Leben erfüllt wird!

## Empfangen, um zu geben

*Jesus befahl den Dienern: „Füllt die Krüge mit Wasser!" Sie füllten sie bis zum Rand* (Joh 2,7).

Es gibt diejenigen, die nur gerade genug vom Heiligen Geist haben wollen, um sich selbst und ihre eigenen Gemeinden oder Dienste zu segnen. Dann gibt es diejenigen, die mehr als genügend haben wollen, damit sie nicht nur sich selbst segnen können, sondern auch mehr als genug haben, um anderen zu geben. Jesus sandte die Diener aus, die Wasserkrüge zu füllen und den Wein danach auszuschenken. Ziemlich sicher wollten auch sie etwas vom Wein haben, aber dennoch füllten sie diese Wasserkrüge mit genügend Wasser, um die anderen Gäste zu bedienen. Es heißt, dass sie diese Krüge bis zum Rand füllten. Voller können sie nicht werden. Sie hatten kein Verlangen danach, nur gerade genug für sich selbst zu haben, sondern die ganze Hochzeitsgesellschaft bedienen zu können.

Jesus setzte diesen Gedanken von „mehr als genug" in die Tat um, als er ihnen *gebot*, die Krüge mit Wasser zu *füllen*. Der Heilige Geist bittet uns, das Gleiche zu tun: so voll von ihm zu werden, bis wir mit neuem Wein übersprudeln und einen mehr als genügenden Vorrat haben, um auch anderen davon zu geben. Dies ist der Unterschied zwischen jemandem, der ein Diener ist, und jemandem, der nur sich selbst dient.

Aus diesem Grund kommen Leute im gleichen Gottesdienst zwei- bis dreimal zum Gebet nach vorne, bis sie ganz gefüllt sind. Nicht, dass sie beim ersten Mal nichts empfangen hätten, aber sie wollen so viel wie möglich, um auch etwas davon weitergeben zu können. Sie leben im Gehorsam bezüglich Jesu Gebot, gefüllt zu werden. Es betrübt den Heiligen Geist jedoch, wenn jemand empfängt und dann diejenigen beschämt, die noch nicht empfangen haben und wenn er bzw. sie sich aufgrund seiner Erfahrung überlegen fühlt. Diese Gefahr muss unter allen Umständen vermieden werden, damit wir den Heiligen Geist nicht betrüben. Die Frucht eines Dieners ist Demut. Wir müssen zu Wasserschöpfern werden, damit wir es austeilen können. Kommen Sie nicht nur, um eine Erfrischung für sich selbst zu bekommen und es dabei zu belassen.

Wie kann dieses frische Wasser des Heiligen Geistes zu einer mächtigen Salbung werden, sodass wir diese Salbung weitergeben können, während wir selbst ständig weiter gefüllt werden? Es scheint, dass es einigen Menschen leichter fällt, diesen Segen weiterzugeben, während andere noch immer in ihrer eigenen Erfahrung gefangen sind. Die Haltung, zu empfangen um zu geben, ist keine Formel, sondern muss zu einer Herzenshaltung werden.

*Und er spricht zu ihnen: Schöpft nun und bringt es dem Speisemeister! Und sie brachten es. Als aber der Speisemeister das Wasser gekostet hatte, das Wein geworden war – und er wusste nicht, woher er war, die Diener aber, die das Wasser geschöpft hatten, wussten es –, ruft der Speisemeister den Bräutigam ...* (Joh 2,8-9).

Diese Diener gehorchten Jesus einfach und dann geschah das Wunder. Wenn Sie sorgfältig hinsehen, verwandelte sich das Wasser erst dann auf wundersame Weise in Wein, als sie das Wasser dem Speisemeister „gegeben" hatten, damit er es kosten konnte. Es geschah nicht, als sie die Wasserkrüge mit Wasser füllten. Ein größerer Akt des Glaubens war nötig, um dem Speisemeister das Wasser – von dem sie hofften, dass es zu Wein werden würde, wenn er es kostete – zu servieren. Die Diener waren höchstwahrscheinlich besorgt darüber, dass sie andernfalls ihren Job verlieren würden. Dies war eine Prüfung ihres Glaubens an Jesus.

Wenn Sie eine frische Erfüllung mit dem Wasser des Heiligen Geistes bekommen haben, ist dies ein großartiger Anfang. Sie sind dann wie die Gäste, die reichlich getrunken hatten. Doch nach dem Fest gingen sie nach Hause, weil sie nur dort gewesen waren, um bedient zu werden. Nur die Diener wussten, wie und wo man ständigen Nachschub an neuem Wein bekommen konnte. Wir müssen mit dem aufs Geben ausgerichteten Herzen eines Dieners empfangen. Auf diese Weise werden wir viel mehr bekommen, da der Heilige Geist unsere Motivation für das Empfangen und was wir damit tun werden kennt. Gott kennt unsere Herzen, und er wird uns nach unseren Bedürfnissen geben und auch nach unserer Bereitschaft, andere damit zu segnen.

Sobald Sie empfangen haben, suchen Sie sich jemanden, der Durst nach einem Schluck des Heiligen Geistes hat. Dies verlangt einen Glaubensschritt von Ihnen, da Sie vielleicht denken: *Ich hab nicht das Zeug dafür, dies anderen weiterzugeben.* Eigentlich haben Sie damit völlig Recht, Sie haben es nicht. Aber der Heilige Geist, der durch Sie wirkt, hat es. Durch den Glauben an seine Fähigkeit, andere zu segnen, können Sie es tun! Die Diener wussten, dass lediglich Wasser und nicht Wein in diesen Krügen war. Sie wussten, dass sie, abgesehen von einem Wunder von Jesus, völlig unzulänglich waren. Die Schönheit hinter allem ist, dass Jesus das Wunder tut, während wir lediglich gehorsam sind.

Nachdem ich selbst begonnen hatte, diesen neuen Wein zu empfangen, spürte ich nichts Besonderes. Als ich jedoch gleich danach anfing zu verschenken, was ich meinte, empfangen zu haben, wurde der neue Wein des Heiligen Geistes in den Gemeinden und Veranstaltungen, an denen wir dienten, überall ausgegossen. Manchmal geschah es sogar, noch bevor wir Gelegenheit hatten, zu predigen. Je mehr wir gaben, desto mehr wurden wir wieder gefüllt, um wiederum zu geben. Seither hat es nicht aufgehört. Ob in einer großen Veranstaltung oder persönlich mit einem Freund bzw. einer Freundin: Gott ist treu und wird diejenigen füllen, die hungrig sind. Unsere Aufgabe ist es, die Getränke zu servieren und er wird sich um den Nachschub kümmern, wenn sie ausgehen.

Aufgrund dieses Prinzips hat diese Salbung auf unserem Leben beträchtlich zugenommen. Ich bin wirklich überzeugt davon: Wenn ich anderen Menschen mit diesem Segen nicht weiterhin gedient hätte und nicht hungrig geblieben wäre, wäre ich womöglich verwirrt und entmutigt geworden. Mein Becher wäre irgendwann leer geworden.

Wenden Sie dieses Prinzip des Gebens und Nehmens auf jedem Gebiet Ihres Lebens an. Ein Geber nimmt denselben Charakter an wie Christus, dessen Wesen es ist, zu geben. Jesus sagte nie, es sei einfacher, ein Diener zu sein als ein Gast, sondern nur, dass ein Diener mehr gesegnet ist.

*Ich habe euch in allem gezeigt, dass man so arbeitend sich der Schwachen annehmen und an die Worte des Herrn Jesus denken müsse, der selbst gesagt hat: Geben ist seliger als Nehmen (Apg 20,35).*

*... Denn wem viel gegeben ist, bei dem wird man viel suchen; und wem viel anvertraut ist, von dem wird man umso mehr fordern (Lk 12,48).*

# KAPITEL 4

# Den neuen Wein behalten und vermehren

*Und als es an Wein mangelte, spricht die Mutter Jesu zu ihm: Sie haben keinen Wein ... Seine Mutter spricht zu den Dienern: Was er euch sagen mag, tut!* (Joh 2,3,5).

Diejenigen, die den neuen Wein gekostet haben, machen sich häufig Gedanken darüber, wie sie ihn am Fließen erhalten können, um ihn nicht zu verlieren. Sie leben vielleicht nicht in einer Gegend, wo dieser Segen fließt, und fühlen sich möglicherweise ausgetrocknet. Dies ist eine sehr reale und wichtige Besorgnis, besonders unter Leitern, die ihn austeilen müssen. Sie müssen zu einem Punkt kommen, an dem Sie lernen, den neuen Wein zu empfangen, ohne ihn ständig „importieren" zu müssen. Natürlich ist dies einfacher, wenn die Ausgießung in Ihrer Gemeinde geschieht. Für die vielen anderen jedoch, die nicht so begünstigt sind, gibt es andere Wege, das Wasser am Fließen zu erhalten. Sie müssen sich nicht damit abfinden, im Trockenen zu bleiben, wenn Sie sich mehr davon wünschen. Sie müssen tief graben und Ihre eigene Quelle auftun, anstatt den Wein ständig vom Weinberg eines anderen zu importieren.

Nachdem wir den neuen Wein empfangen hatten, wurden meine Frau und ich sogleich mit diesen Dingen konfrontiert. Wir sollten in verschiedenen Städten und Ländern dienen und wollten andere Christen mit dem, was wir empfangen hatten, segnen. Wir waren gezwungen, ziemlich schnell zu lernen, wie wir ihn am Fließen erhalten konnten. Wie können Sie ihn bekommen, wenn es in der Nähe keine Quelle gibt, von der Sie schöpfen können – besonders, wenn andere ernsthaft eine Erfrischung vom Heiligen Geist wollen und von Ihnen erwarten, dass Sie der Wasserträger sind?

*Wacht auf, ihr Betrunkenen, und weint! Heult, ihr Weinsäufer alle, über den Most, denn er ist weggerissen von eurem Mund!* (Joel 1,5).

## Fasten

Die Gäste, die mit vollem Magen zum Hochzeitsfest kommen, werden es schwerer haben, diesen Wein zu empfangen, da sie keinen Durst haben. Zudem werden sie den neuen Wein nicht schätzen, da sie vorübergehend schon von einer anderen Quelle satt geworden sind. Andererseits werden jene Gäste, die mit leerem Magen und in Erwartung des neuen Weins gekommen sind, die Auswirkungen viel schneller spüren und viel mehr davon trinken können als jene, die ihren Appetit verloren haben. Die Auswirkungen des neuen Weins auf einen leeren Magen sind mit Sicherheit stark.

Die Bibel stellt immer wieder einen Bezug zwischen dem Fasten und dem Erfülltwerden mit dem Heiligen Geist her. Lediglich ein Kapitel vor der Prophetie der großen Ausgießung des Heiligen Geistes in Joel 2,28 finden wir das Gebot, vor der Ausgießung zu fasten:

*Heiligt ein Fasten, beruft eine allgemeine Versammlung, versammelt die Ältesten, alle Bewohner des Landes, zum Haus des Herrn, eures Gottes, und schreit zum Herrn!* (Joel 1,14 SLT).

*Doch auch jetzt noch, spricht der Herr, kehrt um zu mir von ganzem Herzen, mit Fasten, mit Weinen, mit Klagen! Wer weiß, ob er sich wieder abkehrt und es ihn nicht reut, und ob er nicht einen Segen zurücklassen wird, Speisopfer und Trankopfer für den Herrn, euren Gott?* (Joel 2,12,14).

Wenn wir Gott auf diese Weise gehorsam sind, wird er auf unsere ehrlichen und verzweifelten Gebete Antwort geben.

*Und der HERR wird antworten und zu seinem Volk sagen: Siehe, ich will euch Getreide, Wein und Öl die Fülle schicken, dass ihr genug daran haben sollt ...* (Joel 2, 19).

Fasten ist einer der schnellsten Wege, um Ihr „Gefäß" zu entleeren und zu reinigen. Ja, damit ermöglichen Sie sich, nach den Dingen Gottes zu hungern. Fasten bringt Ihr ganzes Wesen in eine Haltung, die es Ihnen erleichtert, mit dem zusammenzuwirken, was Gott für Sie bereithält. Nur diejenigen, die nach mehr von ihm hungern, werden gefüllt werden. Fasten heilt geistliche Apathie und bewirkt, dass der Hunger nach den Dingen Gottes zurückkehrt. Fasten vergrößert sogar Ihre Sensibilität für den Heiligen Geist, indem es das Fleisch vernachlässigt, welches das hauptsächliche Hindernis fürs Empfangen darstellt. Dies erleichtert es Ihrem Verstand, Ihrem Willen und Ihren Gefühlen, sich völlig dem Heiligen Geist auszuliefern und Gemeinschaft mit ihm zu haben.

Die 120 Gläubigen fasteten und beteten im Obergemach nur wenige Tage, bevor der Heilige Geist in seiner Fülle auf sie ausgegossen wurde, so, wie wir es in der gegenwärtigen Bewegung Gottes in der Gemeinde erleben. Wenn wir fasten, verleugnen wir im Wesentlichen uns selbst, um Raum für das Übernatürliche zu schaffen. Auf diese Art und Weise zum Ende von uns selbst zu kommen, ist der Weg des Kreuzes. Es ist der ideale Zustand, damit Gott übernehmen kann.

Eine Gemeinde in einer Kleinstadt von Frankreich begann im Januar 1994, diesen neuen Wein zu erleben. Es geschah im gleichen Monat, in dem die Erneuerung überall auf der Welt ausbrach. Der Funke, der die Erneuerung in Frankreich entzündete, trat am Ende eines zehntägigen gemeinsamen Fastens auf. Nur einige Monate später entdeckten sie, dass dieselbe Ausgießung des Heiligen Geistes zur gleichen Zeit auch in anderen Ländern und auf anderen Kontinenten stattfand. Seither hat es nicht aufgehört.

Sogar nachdem die Apostel zu Pfingsten die Fülle des Heiligen Geistes bekommen hatten und die Erneuerung sich kontinuierlich zu einer ständig zunehmenden Erweckung weiterentwickelte, fuhren sie mit der Gewohnheit des Betens und Fastens fort. Immer, wenn sie sich darauf vorbereiteten, ein neues Dienstprojekt zu starten, war Fasten eine Voraussetzung, damit sie den Willen Gottes gänzlich in seiner Kraft und Stärke erfüllten, und nicht in ihrer eigenen. Auf diese Weise trafen sie auch äußerst wichtige Entscheidungen innerhalb der Gemeinde. Sie stimmten nicht einfach ab, wie es heutzutage viele tun, sondern legten ein Fasten ein. Dies bewahrte sie davor, ihren eigenen menschlichen Überlegungen zu folgen, und somit vor vielen Tücken, und es bewirkte, dass die frühe Gemeinde in vielen kritischen Situationen dem Willen Gottes folgen konnte.

Sind wir wirklich bereit, den Preis für eine andauernde Salbung und Erneuerung zu bezahlen oder sind wir lediglich mit einer kleinen Segnung zufrieden, die mit der Zeit verlorengeht? Männer und Frauen mit einem quälenden Hunger, die sich verzweifelt nach mehr von Gott sehnen, werden in dieser Erneuerung diejenigen sein, welche aus ihr die Flammen der Erweckung entzünden. Dies ist das Muster, das sich durch die Geschichte der meisten Erweckungen hindurchzieht.

*Es werden aber Tage kommen, da der Bräutigam von ihnen genommen sein wird; dann werden sie fasten, in jenen Tagen* (Lk 5,35 SLT).

Dieses Vorbild gab Jesus seinen Jüngern, damit sie nach seinem Weggang die Fülle des Heiligen Geistes empfangen konnten. In unseren Tagen wird der Heilige Geist erneut in großem Maße ausgegossen. Diejenigen, die willig sind, sich ganz dafür hinzugeben und jeden Preis dafür zu bezahlen, werden ihn bekommen.

Fasten ist einer der Wege, um sich hinzugeben und die Fleischlichkeit unseres Fleisches radikal anzugreifen. Häufig sind wir zu alten Weinschläuchen geworden. Wir müssen es zulassen, dass Gott unsere Weinschläuche zerbricht und sie in solidere und flexiblere Gefäße neu umgestaltet, welche die neue Salbung behalten können, ohne zu zerplatzen. Nachdem wir auf den Felsen gefallen und zerbrochen sind, kann nur Gott allein die Stücke wieder zusammenfügen.

Fasten bereitet unsere Weinschläuche darauf vor, den neuen Wein zu empfangen. Nur zwei Verse später erklärt Jesus den Jüngern genau, warum sie fasten werden, wenn er ihnen weggenommen sein wird, und was dieses Fasten hervorbringen wird:

> *Und niemand füllt neuen Wein in alte Schläuche; denn sonst wird der neue Wein die Schläuche zerreißen, und er wird verschüttet, und die Schläuche verderben; sondern neuer Wein soll in neue Schläuche gefüllt werden, so bleiben beide miteinander erhalten. Und niemand, der alten trinkt, will sogleich neuen; denn er spricht: Der alte ist besser!* (Lk 5,35-39 SLT).

Wir plädieren nicht dafür, dass alle Spuren der Lehren des alten Weins beseitigt werden. Offenbarungen aus vorherigen Aufbrüchen des Geistes, wie Glaube, Errettung, Fürbitte und so weiter, sind alles Beispiele eines neuen Weins, der zu altem gereift ist. Werfen Sie die Weisheit und Reife des Alten nicht weg, machen Sie jedoch auch Platz für das Neue. In Wirklichkeit ist es der Weinschlauch, der neu gestaltet werden muss, damit er den neuen Wein behalten kann.

Einige Leute tun sich schwer, mit dieser neuen Bewegung mitzugehen, da sie so an die alten Weisen und vergangenen Bewegungen Gottes gewöhnt sind. Wir müssen ihnen den Raum und die Zeit lassen, um sich darauf einzustellen. Sogar Jesus sagte im vorherigen Vers, dass die Leute nicht „sofort" nach dem neuen Wein verlangen würden und deutete damit an, dass sie ihn vielleicht mit der Zeit verlangen würden. Verachten Sie den alten Wein nicht bzw. werten Sie jene nicht ab, die nicht sofort an der gegenwärtigen Bewegung des Geistes teilhaben wollen. Die Weisheit der alten Weinschläuche, wie zum Beispiel der Glaube, kann uns helfen, diese Erneuerung in eine größere Ausgießung hineinzuführen, bis am Ende Erweckung ausbricht. Wir müssen die Weisheit des Alten mithineinnehmen, um zu wissen, wie wir vom neuen Wein am besten Gebrauch machen können.

Dienste, die unter dem alten Wein aktiv waren und den neuen empfangen, werden herausfinden, dass sie einen zusätzlichen Vorteil haben. Die Wirksamkeit der neuen Salbung wird sogar noch größer sein, wenn sie mit der dringend benötigten Erfahrung, Reife und Integrität des Alten kombiniert wird. Diese Kombination wird Dienste auf eine tiefere und konzentriertere Ebene der Kraft führen.

Wenn die Salbung auf Ihrem Leben anfängt, schal zu werden und nachzulassen, stärken Sie Ihr Gefäß durch Fasten. Dann werden Sie in der Lage sein, den neuen Wein viel länger zu bewahren und viel mehr davon zu bekommen.

## Lobpreis und Anbetung

Das Hochzeitsfest ist großartig, doch die Leute wundern sich, wo die Braut und der Bräutigam sind. Dann wird die Luft plötzlich von Musik erfüllt. Leute fangen an zu singen und zu tanzen, um den Bräutigam und seine Braut zu ehren. Wenn die Musik ihren Höhepunkt erreicht, kommen die Neuvermählten heraus, um sich den eingeladenen Gästen vorzustellen. An diesem Punkt erreicht die Feier ihren Höhepunkt. Was wäre das für eine Hochzeit, wenn es keine Musik gäbe, um die Atmosphäre für die Vorstellung des Bräutigams und seiner Braut zu schaffen?

Ein weiterer wichtiger Aspekt, um diesen neuen Wein zu bewahren, ist Lobpreis und Anbetung. Lobpreis wird Gottes Gegenwart einladen und mehr neuen Wein bringen. Christliche Leiter in mehreren europäischen Ländern haben 24-Stunden-Lobpreisfeiern organisiert, die sie „Tabernacle of David" („die Hütte Davids") nennen. Ich habe einige dieser Lobpreisfeiern unterstützt und auch dort gedient. Ich wurde während der ganzen Zeit des Lobpreises von der Salbung der Freude und der Kraft buchstäblich aufgeladen. Wir hatten einen ziemlichen Durchbruch in den himmlischen Raum, wo Jesus in seiner Herrlichkeit ist und unaussprechliche Freude erfährt. Wenn anhaltender Lobpreis und Anbetung aus dieser Quelle schöpfen, wird die konzentrierte Freude und Kraft, die im Himmel ist, auf der Erde offenbar.

Im Himmel gibt es täglich 24 Stunden lang Lobpreis. Wenn wir hinsichtlich Lobpreis und Anbetung dem Vorbild des Himmels folgen, hat dies himmlische Auswirkungen. Wir bekommen in der Tat einen Vorgeschmack davon, wie es im Himmel sein wird. Als König David es endlich schaffte, die Bundeslade aus der Hand der Philister zurückzubekommen, geriet er in Ekstase. Er sang, tanzte und feierte die Rückkehr der Gegenwart Gottes (vgl. Sam 6,12-16).

Viele christliche Leiter verspüren das Bedürfnis, die Rückkehr der Gegenwart des Herrn in dieser neuen Bewegung Gottes zu feiern. Vorher waren sie möglicherweise geistlich ausgetrocknet und haben sich verzweifelt nach dieser Erfrischung gesehnt. Sollten wir die Wiederherstellung von Gottes Gegenwart durch diese Erneuerung nicht auch feiern? Oder halten wir seine Gegenwart für selbstverständlich?

König David ernannte Leviten, damit sie im Heiligtum feierten, dankten und den Herrn und Gott Israels priesen. In 1. Chronik 16,4-6 teilte David sie in 24 Gruppen zu je 12 Sängern ein, damit sie Gott, den Herrn ununterbrochen priesen. David schuf ein Ausbildungssystem für Sänger und Musiker, das zu seinen Lebzeiten Tausende durchliefen, mit der Folge, dass 33 Jahre lang, Tag und Nacht, vor der Bundeslade Lobpreis erklang. Es war also pro Stunde eine Musikgruppe aktiv, sodass pro Tag 24 Stunden Lobpreis und Anbetung stattfanden. David kopierte die Lobpreis- und Anbetungsstruktur des himmlischen Königreichs. Kein Wunder, dass das Königreich Israel unter König David so mächtig und erfolgreich war. Durch Lobpreis wurde die Gegenwart Gottes in der Nation aufrechterhalten.

Christen aus verschiedenen Ländern, die von dieser Erneuerung erfasst worden sind, tun genau das, was König David getan hatte, und ernten diese Vorzüge. Die Folgen davon sind ständige Ausgießungen des Heiligen Geistes, besonders wenn der Lobpreis mit anderen Gemeinden vereint stattfindet. Während dieser Lobpreisfeiern wird den Mächten der Finsternis großen Schaden zugefügt. Lobpreis dringt durch die dunklen Wolken des Bösen, die schon viel zu lange großen Einfluss auf das ganze Gemeinwesen und die Städte haben.

Mit vereinter Stimme danken Gläubige Gott für seine große Freude und Kraft, mit der er uns erneuert und wiederherstellt. Wir brauchen viel mehr von dieser Art von Einheit und gemeinschaftlichem Lobpreis. Diese Art von Lobpreis können Sie auch ganz individuell bei sich zuhause anwenden. Schon als junger Mann lernte David die geheime Kraft des Lobpreises kennen. Er spielte für den ungehorsamen König Saul seine Harfe und vertrieb damit quälende Geister von ihm. Wie viel mehr werden wir gesegnet werden, wenn wir in unserem eigenen Leben gehorsam Lobpreis praktizieren und auch in unseren Dienste und Nationen?

Meine Frau und ich beten den Herrn oft mit Lobpreis- und Anbetungs-CDs an. Dadurch kann uns ein kontinuierlicher Fluss von Gottes Gegenwart bestimmen. Sogar, wenn wir einer Person im Befreiungsdienst dienen, lassen wir dabei starke Lobpreismusik erklingen. Dies verstärkt häufig die Salbung und hilft uns sogar dabei, den Befreiungsprozess zu beschleunigen. Dämonen verhalten sich in dieser Atmosphäre wie Fische an Land und überleben nicht lange.

Gemeinden, die viel von dieser Erneuerung erfahren, machen den Lobpreis zum Höhepunkt ihrer Gottesdienste. Sogar während dem Gebetsdienst, der bis in die Nacht hinein dauern kann, wird Lobpreis gemacht. Bei einigen Gemeinden geschieht dies an sechs Tagen in der Woche. Kein Wunder, dass es an diesen Orten eine höhere Konzentration von Gottes Gegenwart gibt! Bei unseren eigenen Versammlungen, ob zuhause oder im Ausland, geben wir dem Lobpreis und der Anbetung immer den Vorrang. In dieser Atmosphäre erleben wir, dass Wunder sehr leicht geschehen und Sünder sich in den geistlich dunkelsten Urwäldern der Welt bekehren.

Viele Leiter, die schon in dieser Erneuerung leben, haben entdeckt, dass das Geheimnis nicht nur darin liegt, dass ihr eigenes Leben und ihre eigenen Gemeinden erneuert werden. Das Geheimnis liegt wirklich in dem, was sie damit getan haben, nachdem sie es einmal empfangen hatten. Viele lassen die Salbung aus Mangel an Weisheit wieder sterben. Manche Gemeinden haben es jedoch so weit gebracht, dass sie zu Tankstellen für viele durstige

Seelen werden, die lange Reisen auf sich nehmen, um aus ihrer Quelle zu trinken. Viele dieser Gemeinden werden meist deshalb zu einem weltweiten Dienst geführt, weil die Leitung dafür sorgt, dass diese Erneuerung nicht einfach kommt und wieder geht. Ihre größte Sorge ist es, dem Heiligen Geist nicht im Wege zu stehen – und vor allem, ihn nicht zu betrüben. Dienste, die die nötigen Schritte unternehmen, um die Erneuerung am Leben zu erhalten, werden bis zum Ausbruch der Erweckung weiterhin auf dieser Welle reiten. Als Folge davon werden sie Geschichte schreiben. Seit der Erneuerung von 1994 sind andere Erweckungen, wie die Brownsville Erweckung, ausgebrochen, und dies kurze Zeit, nachdem der Evangelist Steve Hill einen Erneuerungsgottesdienst besucht hatte. Die Bewegung Gottes in der Bethel-Gemeinde von Pastor Bill Johnson ist sowohl von Lobpreis und Anbetung als auch von Erneuerung stark beeinflusst.

Wenn wir die gleiche Ehrfurcht und den gleichen Respekt für die Gegenwart Gottes haben wie König David, wird Gott viel länger bei uns bleiben. Eine „Nun-hab-ich's-Haltung", die Gott für selbstverständlich hält und nicht sorgfältig darauf ausgerichtet ist, seine Gegenwart zu bewahren, wird dazu führen, dass diese Erneuerung langsam wieder versiegt. Kathryn Kuhlman kannte dieses Prinzip sehr wohl. In manchen ihrer Versammlungen rief sie ins Publikum: „Bitte, betrübt ihn nicht – er ist alles, was ich habe." Sie hatte erkannt, dass sie den Leuten nicht mehr unter derselben Salbung dienen konnte, wenn der Heilige Geist einmal gekränkt wurde. Allein der Gedanke, dass Gottes Gegenwart sie auch nur zeitweise verlassen könnte, löste Qualen bei ihr aus. König David dachte ebenfalls, dass es genug war, ihn einmal zu verlieren. Er wollte nicht, dass die Bundeslade der Gegenwart Gottes ihn jemals wieder verlassen würde, und tat alles, was er konnte, um sie zu behalten. Also pries er Gott und betete ihn an.

Diese Lobpreisfeiern bewirken, dass die Gegenwart Gottes so zunimmt, dass aus Erneuerung Erweckung wird. Ich wünsche mir, und viele andere ebenso, dass die Verlorenen vom Überfluss dieser Erneuerung berührt werden, wenn wir sie nähren und die nötigen Schritte unternehmen, um ihr Wachstum zu sichern.

## Den Zehnten geben[1]

Eine solch große Hochzeit kostet auch etwas. Die Gäste sind zwar umsonst eingeladen, aber trotzdem müssen der Wein, die Diener und die Miete für den Hochzeitsort usw. bezahlt werden. Irgendwie muss für die grundlegenden Bedürfnisse dieser Hochzeit gesorgt werden. Man erwartet von den Gästen, dass sie Geschenke bringen, um die Braut und den Bräutigam zu ehren. Mit dieser Versorgung müssen die Braut und der Bräutigam wiederum die Diener, die sie ausgewählt haben und die gedient haben, bezahlen. Ihr Lebensunterhalt hängt davon ab. Obwohl sie in den Augen der Gäste lediglich Kellner sind, gäbe es ohne sie niemanden, der den Wein, der sie so erfreut hat, austeilen und servieren würde. Es ist allgemeine Höflichkeit, die Braut und den Bräutigam für ihre Einladung zum Fest zu ehren. Der Fortbestand des Festes hängt davon ab.

*Ehre den Herrn mit deinem Besitz und mit den Erstlingen all deines Einkommens, so werden sich deine Scheunen mit Überfluss füllen und deine Keltern von Most überlaufen* (Spr 3,9-10 SLT).

Ja, Finanzen spielen im Prozess, mehr von dieser Erneuerung und dem dazugehörigen Segen zu empfangen, eine große Rolle. Dieses geistliche Prinzip hat sich nicht verändert.

Was sind die Erstlinge all unseres Einkommens, welche die Türen zum neuen Wein aufschließen werden? Dass wir unseren ganzen Zehnten und unsere Opfer geben. Dies ist offensichtlich von Gottes Seite her nicht nur ein Vorschlag, sondern ein Gebot. Manche Christen denken, dass derartiges Geben lediglich materielle Segnungen von Gott zur Folge hat. In Wirklichkeit resultiert derartiger Gehorsam auch in zusätzlichem geistlichem Segen.

---

[1] Dieses und das folgende Unterkapitel geben nicht unbedingt die Meinung des dt. Herausgebers wieder. Wie so oft werden nur Stellen aus dem Alten Testament zitiert, während wir im Neuen Testament zwar aufgefordert werden zu geben, aber nicht den Zehnten, sondern so, wie der Geist uns führt (vgl. 2 Kor 9,7; Röm 15,26 etc.). Vgl. Rudolf Edenharder, *Der Zehnte in der Bibel und in Freikirchen,* Bruchsal 2009. Anmerk. d. Hrsg.

*Bringt den ganzen Zehnten in das Vorratshaus, damit Nahrung in meinem Haus ist! Und prüft mich doch darin, spricht der HERR der Heerscharen, ob ich euch nicht die Fenster des Himmels öffnen und euch Segen ausgießen werde bis zum Übermaß!* (Mal 3,10).

Diese Schriftstelle ist sehr beliebt, wenn es Zeit für das Opfer ist. Lassen Sie uns einen tieferen Blick darauf werfen, was es hier wirklich heißt. Es könnte Sie überraschen.

Der erste Grund, den uns Gott im Buch Maleachi für den Zehnten nennt, ist der, dass Nahrung in Gottes Haus sein soll. Warum brauchte man dort Nahrung? Damit man die Priester versorgen konnte, die im Tempel dienten und lebten. Das Öffnen der Fenster des Himmels weist auf die Erneuerung hin, die durch unseren Gehorsam in dieser Sache vom Himmel fällt. Was denken Sie, dass sonst vom Himmel fallen sollte? Gott will uns geistlich so sehr segnen, dass wir nicht mehr genügend Raum haben, um es zu empfangen. Ich glaube, dass eine dieser Manifestationen schließlich eine große Ernte von Menschen sein wird, die in unsere Gemeinden laufen werden, wo die Gegenwart Gottes überfließt; sie werden von der geistlichen Nahrung vom Himmel essen und unsere Gebäude überfüllen. Dies geschieht heute in vielen Drittweltländern, wo es einfach nicht genügend Platz gibt, um alle Leute, die kommen, aufzunehmen. Das Ergebnis davon sind häufig Freiluftversammlungen.

Warum geht so vielen Pastoren und Leitern heutzutage nicht nur der Wein des Heiligen Geistes aus, sondern auch das nötige Geld, damit wenigstens ihre Dienste überleben können? Unzählige Vollzeit-Pastoren suchen sich Nebenjobs bzw. scheiden überhaupt aus dem Dienst aus, da es ihnen an finanziellen Mitteln mangelt, um sich und ihre Familien zu versorgen. Aufgrund dessen werden Gemeinden häufig geschlossen und Versammlungen zerstreuen sich. Warum wird der Fresser nicht zurechtgewiesen? Hat Gott zu diesem Problem überhaupt etwas zu sagen? Ja, das hat er! Dieses Problem ist nicht neu – es entstand in den Tagen Nehemias.

*Und ich erkannte, dass die Anteile für die Leviten nicht gegeben worden waren, so dass die Leviten und die Sänger, die den Dienst taten, davongelaufen waren, jeder auf sein Feld. Da zog ich die Vorsteher zur Rechenschaft und sagte: Warum ist das Haus Gottes verlassen worden? Und ich versammelte sie und wies ihnen wieder ihren Platz an* (Neh 13,10-12).

Das Volk Gottes gab den Leviten ihre Anteile nicht, den Zehnten, der für die grundlegenden Bedürfnisse der Leviten sorgte. Die Sänger, die ihre Arbeit taten und sich im Tempel um Gottes Gegenwart kümmerten, wurden gezwungen, den Tempel zu verlassen und zur „normalen" Arbeit zurückzukehren. Auf diese Weise wurde das Haus Gottes vernachlässigt. Dies führte schließlich dazu, dass Gottes geistlicher und materieller Segen zurückgehalten wurde. Vor dem fürchtete sich Nehemia am meisten. Der neue Wein, das Öl und das Getreide repräsentierten sowohl den physischen Segen als auch den geistlichen Segen, der sich zeigen würde, wenn Gottes Volk gehorsam den Zehnten gäbe.

Außerdem verachteten sie den Sabbat, indem sie am Ruhetag arbeiteten. Wie viele Leiter und Gläubige tun dasselbe, indem sie sich überarbeiten, sich nie einen Ruhetag nehmen, um sich erneuern lassen und über den Herrn nachzusinnen. Wir müssen die Zusammenhänge hier verstehen! Wir müssen uns um Gottes Königreich kümmern und ihm in den kleinen Dingen gehorsam sein, bevor wir uns fragen, wohin wohl die Salbung und die Freude verschwunden sind. Diese sind einige der Gründe, warum viele Diener Gottes und Arbeiter „ausgebrannt" sind.

Die Zehnten waren ausschließlich für die persönlichen Bedürfnisse der Priester und für ihren Lebensmittelvorrat. Der Zehnte sollte niemals für den Tempel selbst gebraucht werden!

*Und der HERR redete zu Mose und sprach: Und zu den Leviten sollst du reden und zu ihnen sagen: Wenn ihr von den Söhnen Israel den Zehnten nehmt, den ich euch von ihnen als euer Erbteil gegeben habe, dann sollt ihr davon ein Hebopfer für den HERRN abheben, den Zehnten von dem Zehnten ... Und du sollst zu ihnen sagen: Wenn ihr das Beste davon abhebt, dann soll es den Leviten angerechnet werden wie der Ertrag der Tenne und wie der Ertrag der Kelterkufe. Und ihr dürft ihn essen an jedem Ort, ihr und euer Haus; denn das ist euer Lohn für eure Arbeit am Zelt der Begegnung* (4 Mose 18,25-26;30-31).

Wiederum können wir aus dieser und vielen anderen Passagen klar erkennen, dass der Zehnte in erster Line für diejenigen gedacht ist, die im vollzeitlichen Dienst stehen, damit sie sich um das Haus Gottes und die ständige Gegenwart des Herrn kümmern können. Sogar die Priester sollten den Zehnten vom Zehnten, den sie empfangen hatten, geben. Wenn sie dies nicht täten, würden sie das Haus Gottes entweihen und des Todes sein. So ernst war die Sache.

Warum wird dann heute der Zehnte für die Kirchengebäude, die Miete, die Bauprogramme und für alles andere gebraucht, anstatt für die Diener des Evangeliums, damit diese im vollzeitlichen Dienst bleiben können? Stellen Sie sich einmal vor, wie viele Tausende Pastoren, Evangelisten, Missionare und andere Arbeiter in ihre vollzeitliche dienstliche Berufung hinein freigesetzt werden könnten, wenn der Zehnte heutzutage richtig angewandt werden würde! Es mag revolutionär klingen und eine zu radikale Veränderung bedeuten, aber dies ist das Modell, das uns gegeben wurde. Dort liegt der Segen: im völligen Gehorsam an das, was der Heilige Geist heute seinem Volk in dieser Bewegung offenbart.

Manche versuchen einzuwenden, dass wir heute nicht mehr unter dem Gesetz leben und dass das Zehntengeben aus dem Gesetz stammt, weil es im Alten Testament steht. Dies ist der schwache Versuch einer Ausrede, um Gott in diesem Bereich nicht zu gehorchen. Tatsächlich war Abraham der Erste, der Melchisedek, dem Hohepriester, den Zehnten gab, *bevor* das Gesetz bzw. jede andere gesetzliche Vorschrift überhaupt eingeführt wurde. Er tat es im Glauben für den Herrn. Diejenigen, die dies Gesetzlichkeit nennen, sind eigentlich selbst in Bezug auf den Zehnten in einer Gesetzlichkeit gefangen, die nicht in der Bibel steht. Wir müssen wie Abraham aus Glauben leben. Aus seinem Glauben und seiner Großzügigkeit heraus gab er den Zehnten der ganzen Beute, die er während des Krieges gewonnen hatte. Abraham ist der Vater des Glaubens und wir sind durch Glauben gerettet. Mindestens das müssen wir, was den Zehnten betrifft, tun, denn ohne Glauben ist es unmöglich Gott zu gefallen (vgl. Hebr 11,6).

*Und er segnete Ihn und sprach: Gesegnet sei Abram von Gott, dem Höchsten, der Himmel und Erde geschaffen hat!*

*Und gesegnet sei Gott, der Höchste, der deine Bedränger in deine Hand ausgeliefert hat! – Und Abram gab ihm den Zehnten von allem* (1 Mose 14,19-20).

## Opfergaben

Der andere Aspekt des finanziellen Gebens sind die Opfergaben. Wenn der Zehnte ausschließlich für die Diener Gottes gebraucht wird, gibt es einen großen Bedarf an Opfern, um die Dienstausgaben zu decken. Wie in aller Welt kann es genügend Opfer geben, um alle Kosten zu decken, die die Leitung einer Gemeinde oder eines Dienstes erfordert? Um dies zu ermöglichen, muss es einen massiven Anstieg in den Opfergaben geben. In den meisten Fällen müssten die Opfer sogar noch größer als der Zehnte sein, denn viele Dienstausgaben sind größer als die der Arbeiter. Irgendwie wurde das richtige Verhältnis zwischen dem Zehntengeben und den Opfern verdreht und die Gemeinde wurde vielfach des Segens Gottes darin beraubt. Gibt es eine richtige biblische Basis dafür, damit dieses Problem in einen Segen verwandelt werden kann?

*Mose redete weiter mit der ganzen Gemeinde der Kinder Israels und sprach: Das ist das Wort, das der Herr geboten hat: Bringt aus eurer Mitte eine freiwillige Gabe für den Herrn; jeder, den sein Herz dazu treibt, der soll sie bringen, die freiwillige Gabe für den Herrn ...* **Und sie kamen – jeder, den sein Herz dazu trieb, und jeder, dessen Geist willig war; sie brachten dem Herrn eine freiwillige Gabe für das Werk der Stiftshütte und seinen ganzen Dienst** *und für die heiligen Kleider. Es kamen aber die Männer samt den Frauen, alle, die willigen Herzens waren, und sie brachten Nasenringe, Ohrringe und Fingerringe und Halsketten und allerlei goldene Geräte; alle, die dem Herrn Gold als freiwillige Gabe brachten* (2 Mose 35,4-5;21-22 SLT).

Beachten Sie, dass diejenigen ihre Opfer bringen sollten, die ein williges Herz hatten; beim Opfereinnehmen dürfen weder Schuldgefühle erzeugt noch darf manipuliert werden. Die Voraussetzung hierfür war ein williges Herz. Zudem wurden die

Leute dazu *angeregt* zu geben. Denken Sie, dass es Mose allein war, der alle diese Leute zum Geben anregen konnte? Ich glaube, dass der Heilige Geist derjenige war, der sie mit einem Eifer nach der Gegenwart Gottes in ihrer Mitte angeregt hatte. Die Gegenwart des Herrn wird unsere Herzen verändern und uns willig machen, mit Dankbarkeit zu geben, einfach aufgrund der Liebe zu seiner Gegenwart in unsere Mitte.

Ich kenne Gemeinden, die durch diese Erneuerung verwandelt worden sind und dieses Prinzip des Zehnten-Gebens und der Opfer, wie es beabsichtigt war, sehr ernstgenommen haben. Die Folge davon ist, dass sie mehr Leute in den vollzeitlichen Dienst und auf das Missionsfelds schicken können, als sie sich jemals hätten vorstellen können. Zudem wachsen sie rasant – ebenso wie die Gegenwart Gottes in ihren Gemeinden wächst. Sie berichten, dass sie auf jegliche Weise enorm gesegnet werden und es ihnen an nichts mangelt, um die Vision, die Gott ihnen gegeben hat, zu erfüllen.

*... sie brachten dem Herrn eine freiwillige Gabe für das Werk der Stiftshütte und seinen ganzen Dienst und für die heiligen Kleider* (2 Mose 35,21 SLT).

Vergessen wir nicht, dass die Opfer zur Deckung der Ausgaben des Dienstes vorgesehen sind. Was resultierte daraus, als das Volk Gottes zuerst im Zehnten gehorsam war und dann in den Opfern? Sie hatten mehr als genug, um Gottes Absichten zu erfüllen! Viele Dienste und Diener Gottes haben einen echten Ruf und eine Vision und können sie aufgrund fehlender finanzieller Mittel und dem Segen Gottes dennoch nicht ausführen. Das Ergebnis eines solchen Gebens in den Tagen Moses war unglaublich:

*Und sie empfingen von Mose alle freiwilligen Gaben, welche die Kinder Israels zu dem Werk des Dienstes am Heiligtum gebracht hatten, damit es ausgeführt werde; und sie brachten immer noch jeden Morgen ihre freiwilligen Gaben. Da kamen alle weisen Männer, die an allem Werk des Heiligtums arbeiteten, jeder von seiner Arbeit, die sie machten, und sie redeten mit Mose und sprachen: Das Volk bringt zu viel, mehr als zum Werk dieses Dienstes notwendig ist, das der Herr auszuführen*

*geboten hat! Da gebot Mose, dass man durch das Lager ausru-*
*fen und sagen ließ: Niemand, es sei Mann oder Frau, soll mehr*
*etwas anfertigen als freiwillige Gabe für das Heiligtum! So*
*wurde dem Volk gewehrt zu bringen; denn das Angefertigte*
*reichte aus für das ganze Werk, das zu machen war, und es war*
*noch übrig* (2 Mose 36,3-7).

Dies sind die „Probleme", die wir heute brauchen, damit Gottes
Königreich vorangetrieben werden kann und mehr von den „Leviten" Gottes ihm so dienen können, wie sie berufen wurden! Der
Herr freut sich sehr, wenn sein Volk auf die Regungen des Geistes
achtet und dieselbe Willigkeit hat, damit der Wille Gottes durch
ihr Geben erfüllt wird.

Dieses Geben hatte nicht nur materielle, sondern auch geistliche Folgen, nämlich die Gegenwart und Herrlichkeit einer gewaltigen Erscheinung Gottes! Auch wir können dieser Regung gehorchen und dieselben Resultate ernten.

*Da bedeckte die Wolke das Zelt der Begegnung, und die Herr-*
*lichkeit des HERRN erfüllte die Wohnung. Und Mose konnte*
*nicht in das Zelt der Begegnung hineingehen; denn die Wolke*
*hatte sich darauf niedergelassen, und die Herrlichkeit des*
*HERRN erfüllte die Wohnung. Denn die Wolke des HERRN war*
*bei Tag auf der Wohnung, und bei Nacht war ein Feuer in der*
*Wolke vor den Augen des ganzen Hauses Israel, solange sie auf*
*der Wanderung waren* (2 Mose 40,34-35,38).

Wenn wir es zulassen, wird die gegenwärtige Bewegung Gottes
unser Leben so beeinflussen, dass wir in jedem Bereich ein Zeugnis
von Gottes Gegenwart sind. Dies beinhaltet Fasten, Lobpreis und
Geben. Unsere Bereitschaft, in diesen Bereichen gehorsam zu sein,
wird sehr dazu beitragen, dass die andauernde Salbung des neuen
Weins in unserem Leben bleibt. Wir geben ihm alles, was wir haben
und Gott gibt uns alles, was er hat. Das ist wohl ein guter Tausch!

*Auf, ihr Durstigen, alle, kommt zum Wasser! Und die ihr kein*
*Geld habt, kommt, kauft und esst! Ja, kommt, kauft ohne Geld*
*und ohne Kaufpreis Wein und Milch!* (Jes 55,1).

# KAPITEL 5

# Zeichen des neuen Weins

*Als aber der Speisemeister das Wasser gekostet hatte, das Wein geworden war – und er wusste nicht, woher er war, die Diener aber, die das Wasser geschöpft hatten, wussten es -, ruft der Speisemeister den Bräutigam ... Diesen Anfang der Zeichen machte Jesus zu Kana in Galiläa und offenbarte seine Herrlichkeit; und seine Jünger glaubten an ihn* (Joh 2,1-10).

Wie sich der Speisemeister des Festes fragte, woher der neue Wein herkam, den er gekostet hatte, so stellen sich manche Christen dieselbe Frage – bevor sie den neuen Wein je gekostet haben. Diese scheinbar neuen Zeichen erzeugen Besorgnis, da sie ganz anders sind als das, was wir kennen. Gott gebraucht häufig törichte Dinge, um menschliche Weisheit zu widerlegen (vgl. 1 Kor 1,27).

Während dieser Zeiten der speziellen Heimsuchung des Heiligen Geistes, geschehen einige scheinbar sonderbare Manifestationen. Ich möchte nicht zu viel Betonung auf Manifestationen legen, aber dennoch muss dieses Thema angesprochen werden, da es bei einigen von Ihnen ein großes Fragezeichen auslöst. Ich möchte nicht, dass irgendwelche Manifestationen Sie daran hindern, von dieser Erneuerung berührt zu werden.

Viele Christen halten an der Tradition fest, dass der Heilige Geist immer ein „Gentleman" ist und uns ohne unsere Zustimmung niemals etwas aufzwingen würde. Allerdings zeigt uns die Bibel ziemlich das Gegenteil davon auf! Wir werden uns gleich einige Beispiele anschauen. Es kann sehr wohl sein, dass viele von uns noch nie eine echte Ausgießung der Fülle des Heiligen Geistes in Kraft erlebt haben, wie es zu Pfingsten geschah.

Wenn jemand auf ungewöhnliche Weise manifestiert, bezeichnen viele Leute dies alles häufig als dämonisch. Das Problem dabei ist, dass die meisten Leute nur dämonische Manifestationen gesehen haben und sich deshalb auf vergangene Erfahrungen verlassen, anstatt auf die Unterscheidung des Heiligen Geistes. Ist es nicht möglich, dass Gläubige so vom Heiligen Geist überwältigt sind, dass sie auch von bestimmten Manifestationen überwältigt werden? Unser natürlicher Körper kann nur ein bestimmtes Maß an Übernatürlichem vertragen.

Wenn jemand einen starken Stromschlag erhält, kann sein Körper nicht anders, als die Kraft, die ihn durchströmt, zu manifestieren. Das heißt aber nicht, dass Elektrizität immer etwas Schlechtes ist. Natürlich gibt es immer Leute, die auffallen wollen und versuchen die Manifestation vorzutäuschen. Dies sollte jedoch nicht unsere Hauptsorge sein. Jeder kann Zungenreden, zu Boden fallen oder prophetisches Reden nachmachen. Dies sollte andere jedoch nicht davon abhalten, auf diese Weise zu reagieren, wenn der Heilige Geist sie wirklich anrührt. Grundsätzlich dürfen wir das Kind nicht mit dem Bade ausschütten.

Es ist in Ordnung zuzugeben, dass diese Manifestationen zuweilen merkwürdig aussehen bzw. dass wir sie nicht vollständig verstehen. Dennoch fühlen sich manche unwohl dabei bzw. haben sogar Angst, wenn solche Dinge passieren. Meistens wird die Angst durch Unkenntnis hervorgerufen. Leute fürchten sich natürlicherweise vor dem Unbekannten. Sobald sie etwas besser verstehen, legt sich die Angst und schafft Raum für den Frieden Gottes. Nur, weil Sie etwas nicht verstehen, heißt das nicht, dass es nicht von Gott ist! Ist es nicht möglich, dass wir vielleicht doch nicht schon alles gesehen haben?

Als ich diese Manifestationen in der Erneuerung das erste Mal sah, war ich versucht zu gehen und die Bewegung als außerhalb jeder Ordnung abzuurteilen. Sie waren außerhalb der Norm und schienen außerhalb jeglicher Kontrolle – zumindest außerhalb meiner Kontrolle bzw. der Kontrolle von irgendjemand in der Veranstaltung. Mein Verstand sagte mir, *sei vorsichtig*. Also betete ich und bat den Heiligen Geist, mir Unterscheidung darüber zu geben, was hier wirklich vor sich ging. Als ich dies tat, spürte ich einen starken Frieden und hörte die Stimme des Heiligen Geistes, die zu mir sprach: „Richte nicht, was du nicht verstehst, sondern bleib einfach hier und empfange!" Der Heilige Geist wird uns in alle Wahrheit leiten. Wenn Sie dem Heiligen Geist gegenüber sensibel bleiben, werden Sie erkennen, ob etwas von Gott ist oder nicht. Das Wort Gottes gebietet uns, alle Dinge nach ihren Früchten zu beurteilen, nicht einfach aufgrund unserer eigenen Erfahrungen bzw. unseres Mangels davon (vgl. Mt 12,33).

Wir werden uns nun einige der Manifestationen, die in dieser Erneuerung geschehen, genauer anschauen. Manche von ihnen haben einen direkten biblischen Bezug, während andere in der Bibel angedeutet werden.

## Umfallen

Häufig fallen Menschen zu Boden, ohne dass jemand im Gebet die Hände auf sie legt. Dieses Umfallen gibt es schon seit biblischen Zeiten, kommt aber in charismatischen und pfingstlichen Kreisen häufiger vor. In der derzeitigen Bewegung geschieht es noch viel öfter. Es ist eines der häufigsten aller auftretenden Phänomene.

Wenn der Heilige Geist mich anweist, für Leute in großen Gruppen zu beten, geschieht es oft, dass viele durch die Kraft Gottes umgeworfen werden, ohne dass ich sie berühre. Häufig gibt es nicht genügend Leute, um sie aufzufangen, obwohl sich nie jemand wehtut, wenn der Heilige Geist spontan wirkt. Wenn möglich, sorgen wir immer dafür, dass sie aufgefangen werden, trotzdem bewirkt der Heilige Geist häufig, dass Menschen ohne Vorwarnung umfallen. Sogar während einer einfachen Predigt ist dies schon passiert.

Wie ich vorher erwähnt habe, können wir von der Gegenwart Gottes so in Beschlag genommen werden und in eine solch tiefe Gemeinschaft mit dem Heiligen Geist kommen, dass unser Körper schwach wird, wenn wir von Gottes Kraft übermannt werden. In diesem Stadium fühlt sich eine Person womöglich ganz leicht und ist mit unglaublichem Frieden und Freude erfüllt. Sie wird nicht notwendigerweise wollen, dass ihr allzu früh wieder aufgeholfen wird, denn es könnte das momentane Wirken Gottes behindern. Während meiner Erfahrung im Abendmahlssaal in Jerusalem hätte ich die Wahl gehabt, dem Umfallen zu widerstehen und gleich wieder aufzustehen. Doch fühlte ich mich so erfrischt und war zuversichtlich, dass der Heilige Geist wirkte, sodass ich Gott nicht an dem hindern wollte, was er mit mir vorhatte.

Es gibt zahlreiche biblische Berichte von Leuten, die umfielen, als die Gegenwart Gottes machtvoll zugegen war. Öffnen Sie einfach Ihre Bibel oder eine Konkordanz und schlagen Sie die Worte *fallen, fiel* oder *stürzte ohnmächtig zu Boden* nach. Sie werden viele Begebenheiten im Alten und im Neuen Testament finden, in denen Gottes Gegenwart besonders nahe war, sodass Leute umfielen.

Als Paulus (der zu jener Zeit noch Saulus genannt wurde) auf dem Weg nach Damaskus von Gottes Kraft erfasst wurde und zu Boden fiel, hat er diese Erfahrung sicherlich nicht vorgetäuscht (vgl. Apg 9,3-9). Es scheint nicht so, dass der Heilige Geist in dieser bzw. in den vielen anderen Situationen, die im Wort Gottes stehen, ein „Gentleman" war.

Als Judas und die Soldaten kamen, um Jesus zu verhaften, hatten auch sie eine interessante Begegnung, als Jesus in seiner Macht offenbarte, wer er war (vgl. Joh 18,3-6). Es ist ein Ausdruck von Demut, wenn wir in der Gegenwart des Allmächtigen niederfallen. Wir werden gedemütigt und er wird erhoben, wenn wir seine Kraft anerkennen. Dies passierte auch den Soldaten, die gekommen waren, um Jesus in der Nacht, als Judas ihn überlieferte, zu verhaften.

In der Vision, aus der das Buch der Offenbarung entstand, spricht Johannes von seinen Begegnungen mit Engeln:

*Und als ich ihn sah, fiel ich zu seinen Füßen nieder wie tot ...*
(Offb 1,17 SLT).

Ob dies aus den ganz gleichen Gründen geschah oder nicht, ist nicht die Frage. Was wir wissen, ist, dass das Umfallen eine direkte Reaktion auf Gottes Kraft war.

Durch die Geschichte hindurch wurde dieses Umfallen bei unzähligen Erweckungen erlebt. Jonathan Edwards, Hauptinstrument und Theologe der „Großen Erweckung"[1] in Amerika (1726–1760), schrieb im Bericht von der „Erweckung der Religion in Northampton":

Bei vielen wurden Gefühlsregungen weit über das vorher Gesehene erzeugt; und es gab einige Momente, in denen Personen wie in einer Art Trance auf dem Boden lagen und dort unter Umständen ganze 24 Stunden lang regungslos liegen blieben und in ihren Sinnen gefangen waren, gleichzeitig aber starke Vorstellungen hatten, als ob sie in den Himmel gingen und dort Visionen von herrlichen und entzückenden Dingen hätten. Es kam häufig vor, dass Menschen aufschrien, in Ohnmacht fielen, sich bekehrten und ähnliche Dinge, sowohl unter Qualen und als auch unter Staunen und Freude. Man war es hier nicht gewohnt, dass die Versammlungen die ganze Nacht hindurch dauerten, noch dass sie sich bis spätabends hinzögen, aber es kam ziemlich oft vor, dass einige so berührt und ihre Körper so überwältigt waren, dass sie nicht nach Hause gehen konnten, sondern die ganze Nacht dort bleiben mussten, wo sie waren.[2]

Wie wir hier sehen können, sind diese Erfahrungen in der Kirchengeschichte nicht neu. Das sind sie nur für diejenigen, die noch nie von solchen Dingen gehört und sie nicht erlebt haben. Wenn

---

[1] The Great Awakening (engl. für „Große Erweckung") ist die Sammelbezeichnung für eine Reihe großer protestantischer Erweckungsbewegungen, die sich seit den 1730er Jahren in den britischen Kolonien in Nordamerika bzw. den Vereinigten Staaten ereigneten (Quelle: wikipedia). Anmerk. d. Übers.

[2] Jonathan Edwards, *The Works of Jonathan Edwards, Volume One, Account of Revival of Religion in Northhampton 1740-42* (Carlisle, PA: Banner of Truth Trust, 1974). Direkt aus dem Englischen, Anmerk. d. Übers.

ich spüre, dass die Gegenwart Gottes mich niederdrückt, finde ich es viel besser, auf ihn einzugehen und mich seinem Willen zu überlassen. Wenn wir ihm erlauben, dass er so mit uns verfährt, wie er es will, werden wir etwas von ihm empfangen. Manche Leute haben dabei überhaupt keine Wahl, da sie unter Gottes Kraft zu Boden gehen. Wir haben dies in der Bibel schon gesehen.

Charles Finney (1792–1875) war einer der mächtigsten Erweckungsprediger der Geschichte. In einem Bericht schrieb er:

> In dem Dorf Sodom im Staat New York hielt Finney einmal eine Rede, in der er die Verhältnisse in Sodom beschrieb, bevor Gott es zerstörte. „Ich hatte nicht mehr als eine Viertelstunde am Stück gesprochen", sagte er, „als sich ein schauerlicher Ernst auf sie legte; die Menschen in der Versammlung begannen in alle Richtungen von den Stühlen zu fallen und um Erbarmen zu schreien. Wenn ich ein Schwert in der Hand gehabt hätte, hätte ich sie nicht so schnell niederschlagen können, wie sie gefallen sind. Beinahe die ganze Versammlung war entweder auf ihren Knien oder am Boden ausgestreckt. Ich schätze, dass jeder, der überhaupt fähig war zu sprechen, in weniger als zwei Minuten, nachdem der Schock auf sie gefallen war, betete."[3]

Umfallen kann unter verschiedenen geistlichen Umständen passieren. Im Text von Finney wurde sie von einer heiligen Furcht und einem teilweise erzwungenen und plötzlichen Niederfallen begleitet. Gegenwärtig sehen wir, dass die meisten Leute umfallen, wenn sie sich nach Erneuerung, Segnung, Salbung und Offenbarung austrecken. Viel Leute erleben ihre „Boden-Zeit" mit Gott als eine Zeit des Ruhens im Herrn, in der sie erfrischt werden.

In früheren Jahren hatte ich mit der Problematik des Umfallens meine Schwierigkeiten. Wenn es uns gelingt, unsere Ängste abzulegen und uns ganz dem hinzugeben, was der Heilige Geist tun will, können wir durch diese Erfahrung des Umfallens unter der Kraft Gottes gesegnet werden. Wir sollten nicht versuchen, diese Dinge herbeizuführen oder eine Gewohnheit daraus zu machen,

---

[3] Rev.C.G.Finney, *The Character, Claims And Practical Workings of Freemasonry* (Western Tract and Book Society, 1869). Direkt aus dem Englischen, Anmerkung d. Übers.

doch wenn es geschehen sollte, machen Sie sich keine Sorgen und genießen Sie es!

## Zittern und beben

Zittern bzw. am Körper beben ist eines der Phänomene, welche die Leute am meisten beunruhigen. Zeitweise kann es sogar fast gewaltsam anmuten und ist deshalb schwer zu verstehen. Es ist ganz ähnlich wie bei jemandem, der einen starken elektrischen Strom berührt – dieses Zittern kann alle möglichen Verrenkungen des Körpers auslösen. Manifestationen sind nicht einfach dazu da, um Aufmerksamkeit zu erregen. Sie haben einen Grund und offenbaren etwas anderes, etwas viel Stärkeres, als das Auge erfassen kann. Es ist ein Überquellen dessen, was gerade im Inneren der Person geschieht. Da wir verschiedene Länder bereist haben und dort unter dieser Salbung gedient haben, haben wir bei diesen Manifestationen gewisse Ähnlichkeiten bemerkt, die dazu beitragen können, etwas Licht in diese Angelegenheit zu bringen.

Wenn der Herr es so führt, machen wir in unseren Veranstaltungen manchmal spezielle Aufrufe, dass Leute zum Gebet nach vorne kommen, nicht nur um erneuert und mit Freude erfüllt zu werden, sondern auch um eine spezifische Salbung für den Dienst zu empfangen, die der Heilige Geist auf sein Volk ausgießen möchte. Häufig empfangen diejenigen, die zittern, eine Salbung, die sich auf das Prophetische, Fürbitte, andere Offenbarungsgaben oder Evangelisation bezieht. Es beschränkt sich nicht auf diese Salbungen, aber dies sind die häufigsten, bei denen wir erleben, dass ein Zittern auftritt.

Diese Leute wirken womöglich bereits in einer bestimmten Gabe und empfangen nun eine neue und noch größere Salbung auf diesem Gebiet. Gleichzeitig kann es sein, dass Leute noch nie in einer bestimmten Gabe gewirkt haben und nun eine spezielle Salbung dafür empfangen. Manche, die noch nie in ihrem Leben prophezeit haben, werden mit großer Genauigkeit zu prophezeien beginnen, wenn der Geist Gottes auf sie kommt. Dies ist sogar schon bei kleinen Kindern geschehen.

Die Tatsache, dass bestimmten Manifestationen häufig eine Zunahme an Salbung folgt, weist auf ein viel höheres Kraftpotenzial in diesen Gaben hin, als die Person vielleicht bisher erfahren hat. Das bedeutet nicht, dass eine Person jedes Mal, wenn sie in diesen Gaben wirkt, anfängt zu zittern. Andere Leute empfangen womöglich dieselbe Gabe mit der gleichen Salbung und zittern nie. Es hängt alles vom Heiligen Geist ab.

Wir sollten Manifestationen nicht suchen! Wir strecken uns nur nach mehr von Gott, mehr von seiner Gegenwart und seiner Salbung in unserem Leben aus. Was auch immer danach passiert, ist seine Sache. Niemand sollte je versuchen, eine bestimmte Manifestation zu kopieren oder nachzumachen, um gesalbt auszusehen. Das ist töricht, da die Manifestation kein Zeichen bzw. kein Beweis dafür ist, dass jemand eine Salbung empfangen hat. Wir werden die Auswirkungen an der Frucht sehen, die daraus folgt.

Im Alten Testament empfing Daniel eine prophetische Offenbarung vom dem, was kommen würde, und fing zu zittern an. Was sein Zittern genau auslöste, verstehen wir wohl nicht völlig, wir wissen aber Folgendes: Nach seinem Durchbruch, als seine Gebete von der Salbung der Fürbitte erfasst wurden, zitterte er irgendwie (vgl. Dan 10,11). Die prophetische Gabe ist oft mit Fürbitte verbunden. Als Daniel 21 Tage lang betete und fastete, bewegte er sich im Bereich der Fürbitte. Dieses Zittern kann auch auf andere kommen, die eine Salbung für Fürbitte empfangen. Jede dieser Gaben kann auf jeden der Gläubigen kommen, den Gott auswählt. Pastoren und Leiter, die mit der prophetischen Gabe dienen, sehen dies als eine Ergänzung ihres Dienstes an. Wir sollten für diese Dinge offen sein und den Geist nicht einschränken.

*Über die Propheten: Gebrochen ist mein Herz in meinem Innern, es zittern alle meine Gebeine. Ich bin wie ein Betrunkener und wie ein Mann, den der Wein überwältigt hat, vor dem HERRN und wegen seiner heiligen Worte (Jer 23,9).*

Demnach bedeuten Beben und Zittern nicht automatisch, dass eine Person eine dieser Gaben empfängt; es kann jedoch der Fall sein. Gott beruft immer mehr Männer und Frauen, die in den Gaben der

Prophetie wirken und dadurch den Leib Christi in diesen letzten Tagen sehr stärken. In dieser Bewegung Gottes werden „Zitter-Prophetien" immer häufiger. Jemand in diesem Zustand wird anfangen intensiv zu zittern und gleichzeitig mit außerordentlichen Kühnheit und Kraft prophezeien.

Meine Frau empfängt oft prophetische Träume und Visionen. Seit sie eine neue Salbung auf diesem Gebiet erhalten hat, wird das prophetische Wort, dass seinen Ursprung in einer prophetischen Vision oder einem Traum hat, kurz bevor sie es weitergibt, zuweilen von intensivem Zittern begleitet. Am Anfang dieser Erneuerung, besonders wenn ich allein im Gebet war, gab es Zeiten, in denen die mächtige Gegenwart des Herrn sehr stark auf mich kam und er mir mehr von sich selbst offenbarte. Dann fing ich unter dieser Salbung an zu zittern. Dies waren sehr kostbare Momente mit dem Heiligen Geist. Es ist bedauerlich, wenn jemand versuchen wollte, vergangene Erfahrungen vorzutäuschen. Empfangen Sie einfach mehr von Jesus und lassen Sie sich nicht von Ihren Gefühlen leiten, einen bestimmten Moment durch eine Manifestation wiedererleben zu wollen.

Kein Wunder, dass sich sogar die Israeliten vor der Gegenwart Gottes fürchteten. Sie wollten sich dem Berg, wo Gottes Gegenwart sich manifestierte, nicht nähern. Stattdessen wollten sie, dass Mose hinging (vgl. 5 Mose 5,5; Hebr 12,18-21). Die Bibel erzählt uns, dass auch die Dämonen glauben und zittern, wenn Gott in ihrer Mitte ist (vgl. Jak 2,19). Wenn jemand Befreiung erfährt, kann es manchmal vorkommen, dass es die Person schüttelt. Auch Leute, die vorsätzlich Gemeinden besuchen, um die Versammlung durch Zauberei oder andere okkulte Aktivitäten zu stören, können anfangen zu zittern und in Angst versetzt zu werden, wenn Gottes Kraft sie überwältigt. Diesen Leute wird dann bewusst, dass sie das falsche Gebäude betreten haben! Wie vorher erwähnt, erleben wir in der gegenwärtigen Erneuerung das Zittern vor allem in Verbindung mit der Salbung Gottes, die eine Person bevollmächtigt. Auch Jonathan Edwards schrieb:

Es sollte weder ein negatives noch ein positives Urteil aufgrund von Manifestationen allein gefällt werden, denn die Bibel gibt uns keine solche Regel.[4]

John White schrieb ebenfalls, dass ...

... Manifestationen wohl ein Segen sein können, aber keine Garantie für irgendetwas sind. Ihre Auswirkungen hängen von der geheimnisvollen Interaktion zwischen Gott und unserem Geist ab. Ihr Fallen und Ihr Zittern mag ein echter Ausdruck der Kraft des Heiligen Geistes sein, der auf Ihnen ruht. Sie werden jedoch vom Geist keinerlei Nutzen haben, wenn Gott mit Ihnen nicht so verfahren kann, wie er es will, während jemand, der nicht zittert oder hinfällt, sehr vom Geist profitieren kann.[5]

## Betrunken sein im Geist

*Es gab allerdings auch einige, die sich darüber lustig machten. „Die haben zu viel süßen Wein getrunken!", spotteten sie. Jetzt trat Petrus zusammen mit den elf anderen Aposteln vor die Menge. Mit lauter Stimme erklärte er: „Ihr Leute von Judäa und ihr alle, die ihr zur Zeit hier in Jerusalem seid! Ich habe euch etwas zu sagen, was ihr unbedingt wissen müsst. Hört mir zu! Diese Leute hier sind nicht betrunken, wie ihr vermutet. Es ist ja erst neun Uhr morgens. Nein, was hier geschieht, ist nichts anderes als die Erfüllung dessen, was Gott durch den Propheten Joel angekündigt hat" (Apg 2,12-15 NGÜ).*

Es gibt einen Unterschied, ob wir ein wenig Freude erleben oder im Heiligen Geist betrunken sind. Die 120 neu erfüllten Gläubigen im Obergemach befanden sich definitiv in einem betrunkenen Zustand, wie die Bibel in der Apostelgeschichte klar andeutet. Sie wurden verdächtigt, betrunken zu sein, weil sie sich wie Betrunkene

---

[4] Charles Finney, *The Distinguishing Marks of a Work of the Spirit of God* (Diggory Press, re-printed March 1, 2007). Direkt aus dem Englischen, Anmerkung d. Übers.

[5] John White, *When the Spirit Comes With Power* (Downers Grove, IL: InterVarsity Press, 1987), 81-82. Direkt aus dem Englischen, Anmerkung d. Übers.

benahmen. Es gibt keine verborgenen Geheimnisse bei dieser Schriftstelle. Dass sie wegen Trunkenheit angeklagt wurden, bedeutet, dass sich bei ihnen mit ziemlicher Sicherheit Lachen, Hinfallen, Singen, merkwürdige Rede und große, hemmungslose Kühnheit manifestierte, wie es bei Betrunkenen eben so ist.

Die Bibel gebietet uns, mit dem Wein des Heiligen Geistes gefüllt zu werden, der Auswirkungen im geistlichen Bereich hat, die den physischen Effekten des realen Weines ähnlich sind.

*Und trinkt euch keinen Rausch an, denn übermäßiger Weingenuss führt zu zügellosem Verhalten. Lasst euch vielmehr [andauernd] vom Geist [Gottes] erfüllen. Ermutigt einander mit Psalmen, Lobgesängen und von Gottes Geist eingegebenen Liedern; singt und jubelt aus tiefstem Herzen zur Ehre des Herrn (Eph 5,18-19 NGÜ).*

Der große Unterschied dabei ist, dass weltliche Trunkenheit sündig ist und zur Zerstörung führt, während geistliche Trunkenheit heilig ist und zu einem erfüllteren Leben führt. In diesem Abschnitt wird das Singen für den Herrn als Grund zur Erfüllung mit dem Heiligen Geist gezeigt.

Als wir einmal bei einer Abendmahlsfeier in Europa mithalfen, kam der Geist der Freude auf meine Frau. Sie brach in lautes Lachen aus und begann, sich am Boden herumzuwälzen. Dann fingen zwei andere Frauen an, sich ähnlich zu verhalten und stießen die Leute mit ihren Köpfen an. Praktisch jeder, der gestoßen wurde, wurde von dieser Freude ebenso überwältigt. Eine Person, die von dieser Freude übersprudelt, kann ansteckend sein – es breitet sich schnell aus. Dies könnte auch nach Pfingsten der Fall gewesen sein.

In vielen unserer Treffen werden die Leute im Heiligen Geist häufig so betrunken, dass sie hinausgetragen werden müssen, lange nachdem die Versammlung zu Ende ist. Sind diese Leute alleine zu den Treffen gekommen, versuchen wir Fahrer für sie zu finden. Diese Freude ist nicht „lässig"; sie ist die gewaltigste Freude in der Welt. Sie ist die Freude, die im Himmel herrscht. Dies ist die Freude, die man erlebt, wenn man die Fülle der Gegenwart

Gottes erfährt. Die Zeugnisse von Leuten unter dem Einfluss des himmlischen Weins sind wunderbar. Viele entdecken die Liebe Gottes auf eine neue Art und Weise. Andere fühlen sich erleichtert, da schwere Lasten von ihnen gewichen sind. Und wieder andere werden während einer Zeit der Trunkenheit im Geist sowohl körperlich als auch emotional geheilt.

Bei einer Veranstaltung in Frankreich gebot mir der Herr, Leute zum Gebet aufzurufen, sie jedoch weder zu berühren noch mich ihnen zu nähern. Er sagte mir, ich solle sie nur beobachten. Die Leute kamen mit ihren zum Himmel erhobenen Händen nach vorne. Sobald sie einen gewissen Bereich im vorderen Teil des Gebäudes erreicht hatten, fielen diese Christen auf der Stelle zu Boden, als hätte sie ein Blitz getroffen. Viele wurden im Geist betrunken. Diese Leute mussten nach Mitternacht aus dem Gebäude getragen werden. Die Ehrfurcht vor Gott fiel auf jene Versammlung. Menschen bekehrten sich und viele Heilungen und Wunder fanden statt.

## Feuer

*Und es erschienen ihnen Zungen wie von Feuer, die sich zerteilten und sich auf jeden von ihnen setzten. Und sie wurden alle vom Heiligen Geist erfüllt und fingen an, in anderen Sprachen zu reden, wie der Geist es ihnen auszusprechen gab* (Apg 2,3-4).

Das Feuer des Heiligen Geistes ist nicht nur reiner Symbolismus, sondern eine nüchterne Realität. Gott stellt die Fülle dessen, was wir in der Bibel lesen und was in der Apostelgeschichte wirklich geschehen ist, wieder her.

Meine Frau und ich haben das Feuer des Heiligen Geistes oft erlebt, insbesondere seit diese Erneuerung auftrat. Zuweilen werden unsere Hände ganz heiß, als ob sie brennen würden. Dies wird von einer speziellen Heilungssalbung begleitet. Andere, die solches erleben, spüren auf ihrem ganzen Körper eine intensive Hitze. Ein Beispiel: Als diese Hitze das erste Mal auf meine Hände kam, legte ich sie auf einen Mann mit einem Geschwür. Das Geschwür wurde sofort von der Hitze verbrannt, bis es völlig verschwunden war.

Auch der Mann konnte die intensive Hitze spüren, die es verbrannte.

Bei einer anderen Begebenheit wurde die Hand meiner Frau so heiß, dass sie diese auf mich legte, in der Hoffnung, die brennende Hitze zu mildern. Als sie dies tat, kam dasselbe Feuer auf mich. Diese Salbungen können anderen übertragen werden, wie der Heilige Geist führt.

Der obige Vers erwähnt zerteilte Zungen wie von Feuer. Offensichtlich sind diese Manifestationen dem wirklichen Feuer sehr ähnlich. Dieses Feuer ist unsichtbar, obwohl es Berichte von Männern und Frauen Gottes gibt, die es sogar mit ihren natürlichen Augen gesehen haben. Obwohl es nicht sichtbar ist, kann man es spüren. Es wird zudem Krankheiten und Leiden wegbrennen.

*Ich zwar taufe euch mit Wasser zur Buße; der aber nach mir kommt, ist stärker als ich, dessen Sandalen zu tragen ich nicht würdig bin; er wird euch mit Heiligem Geist und Feuer taufen; seine Worfschaufel ist in seiner Hand, und er wird seine Tenne durch und durch reinigen und seinen Weizen in die Scheune sammeln, die Spreu aber wird er mit unauslöschlichem Feuer verbrennen* (Mt 3,11-12).

Es gibt eine Feuertaufe und sie ist nicht dieselbe wie die Wassertaufe oder die Taufe im Heiligen Geist, wie wir sie heute kennen. Feuer reinigt entweder oder es zerstört. Oft wird Feuer in der Bibel als zerstörendes Feuer erwähnt, das für diejenigen bestimmt ist, die Christus ablehnen. Nimmt man den Ausdruck im positiven Sinne, kann das Feuer Gottes einen Reinigungsprozess auslösen und unsere physischen Körper heilen, indem es die Krankheit wegbrennt. Der Begriff „für Gott brennen", der in pfingstlich-charismatischen Kreisen weit verbreitet ist, könnte möglicherweise seinen Ursprung in dieser Erfahrung haben. Es sollten mehr Christen mit dem Feuer Gottes getauft sein, mit Leidenschaft für die Verlorenen brenhen und überall, wohin sie kommen, Sünde und Krankheit vernichten. Dieses Feuer kann ausschließlich vom Heiligen Geist kommen. Wir dürfen uns nicht damit zufriedengeben, nur in anderen Zungen zu sprechen. Wir müssen weitergehen und die volle Pfingsterfahrung wollen, die alles beinhaltet, was die frühe Gemeinde hatte.

Zu lange schon haben „geisterfüllte" Christen die Taufe im Heiligen Geist nur auf das Zungenreden beschränkt. Wir müssen wirklich getauft werden – völlig in den Geist untergetaucht werden – bis wir seine Fülle haben. Nur dann werden wir ganz verwandelt werden und Früchte hervorbringen, die bleiben.

Auch schon vor Pfingsten sahen die 72 Jünger, die ausgesandt worden waren, Dämonen auszutreiben und die Kranken zu heilen, Resultate (vgl. Lk 10,1-18). Dennoch besaßen sie nur einen kleinen Teil des Heiligen Geistes, noch nicht die Fülle. Es ging ihnen ähnlich wie vielen von uns heute, die zwar schon einige Ergebnisse gesehen haben, aber nicht zufrieden sind, nur einen Teil zu haben. Deshalb sollten wir dranbleiben, bis wir jene Fülle haben, welche die Bibel allen Gläubigen verheißt.

## Geblendet und unfähig zu essen

Eine andere Manifestation, die nicht sehr oft erwähnt wird, ist das Blind- oder Stummwerden durch den Heiligen Geist. Als Saulus sein Ziel verfolgte, die Gemeinde auszulöschen, wurde er mit der Kraft Gottes konfrontiert und fiel blind auf den Boden und konnte nichts mehr essen.

*Da sprach er mit Zittern und Schrecken: Herr, was willst du, dass ich tun soll? Und der Herr antwortete ihm: Steh auf und geh in die Stadt hinein, so wird man dir sagen, was du tun sollst! ... Da stand Saulus von der Erde auf; doch obgleich seine Augen geöffnet waren, sah er niemand. Sie leiteten ihn aber an der Hand und führten ihn nach Damaskus. Und er konnte drei Tage lang nicht sehen und aß nicht und trank nicht (Apg 9,6.8-9 SLT).*

In Europa traf ich einmal bei einer nationalen Lobpreisfeier, die „Tabernacle of David" (die Hütte Davids) heißt, einen jungen Mann von einer Bibelschule in der Schweiz. Diese Feier bestand aus einem 24-stündigen Nonstop-Lobpreis am Silvesterabend. Der junge Mann war von dieser Bewegung des Geistes berührt worden, als seine Bibelschule eine mächtige Heimsuchung von Gott erlebte. Er erzählte uns allen, der Heilige Geist habe ihn mehr als sieben Wochen lang blindgemacht, während er in einer großen Kraft wirkte. Während dieser Zeit geschah es oft, dass er nicht sprechen konnte, außer wenn er ein prophetisches Wort aussprechen sollte. An diesem Abend, als er in einem der Anbetungsteams Keyboard spielte, prophezeite er über die Erneuerung, die zu jener Zeit im Gange war. Die Botschaft war, dass Gott scheinbar törichte Dinge gebraucht, um die weisen Männer unserer Zeit zu beschämen, die sich über den Gedanken lustig machten, dass Gott solche Dinge heutzutage tun könnte oder würde.

Wir können es uns in dieser endzeitlichen Ausgießung nicht leisten, das zu beschränken, was der Heilige Geist tun kann und tun wird. In dem Moment, in dem wir meinen, dass wir alles, was Gott angeht, völlig verstanden haben, wird er unseren Verstand mit etwas Neuem verblüffen, das wir womöglich nicht verstehen.

*Und Zacharias sprach zu dem Engel: Woran soll ich dies erkennen? Denn ich bin ein alter Mann, und meine Frau ist weit vorgerückt in ihren Tagen ... **Und siehe, du wirst stumm sein und nicht sprechen können** bis zu dem Tag, da dies geschehen wird, dafür, dass du meinen Worten nicht geglaubt hast, die sich zu ihrer Zeit erfüllen werden ... **Als er aber herauskam, konnte er nicht zu ihnen reden,** und sie erkannten, dass er im Tempel ein Gesicht gesehen hatte. Und er winkte ihnen zu und blieb stumm* (Lk 1,18,20,22).

Zacharias bezweifelte die Fähigkeit Gottes, ihn in seinem fortgeschrittenen Alter mit einem Sohn zu segnen. Das Ergebnis davon war, dass Gott diese Erfahrung benutzte, um seine menschliche Weisheit und die, welche davon hörten, zu beschämen. Dieses Wirken von Manifestationen ist ein Zeichen für den Leib Christi, dass Gottes Weisheit höher als menschliche Weisheit ist.

*Denn es steht geschrieben: „Ich werde die Weisheit der Weisen vernichten, und den Verstand der Verständigen werde ich verwerfen"* (1 Kor 1,19).

Der Gedanke, dass der Heilige Geist immer ein Gentleman ist und niemals etwas tun würde, was uns beleidigen oder schockieren könnte, scheint sich für viele rasch zu verändern. Ob das wirklich stimmt, hängt davon ab, welche Vorstellung man von einem perfekten Gentleman hat.

Als König Saul unterwegs war, um David umzubringen, fing er an zu prophezeien, als er in die Nähe der Propheten kam. Dies tat er Tag und Nacht, 24 Stunden lang, und zwar nackt! (vgl. 1 Sam 19). Er muss gänzlich beschämt und gedemütigt worden sein. Ich denke nicht, dass er es freiwillig getan hat. Seine Absicht an jenem Tag war, David zu ermorden, und nicht, zu prophezeien. Die Erfahrung von Paulus, als er durch Gottes Kraft zu Boden ging und danach blind wurde, war auch nicht gerade nach der Art eines Gentlemans. Auch der Prophet Daniel konnte nach seiner Vision über die kommenden Ereignisse nicht anders, als in der Gegenwart des Herrn zu zittern (vgl. Dan 10,11).

Gott möchte dieser Generation zeigen, dass er die Kontrolle hat und tun kann, was er will, wann er es will und wie er es will, ohne vorher unser Einverständnis einzuholen. Gott ist dabei, uns zu demütigen, damit wir in seinen Händen vollkommen brauchbar werden. Oft wird gesagt: „Gott beschämt unseren Verstand, um unser Herz zu offenbaren."

Ein Pastor, der von Gott gebraucht wurde, um Erneuerung zu entfachen, fragte Gott, warum er in bestimmte Gemeinden sehr viel Erneuerung hineinbringen konnte. Gott antwortete ihm, er suche Leute, die bereit seien, sich zur Ehre seines Namens öffentlich zum Narren zu machen. Sind wir bereit, uns, wenn nötig, für seine Herrlichkeit zum Narren zu machen, wenn es der Heilige Geist so von uns möchte?

## Die Geister unterscheiden

*Und wenn ein Reich mit sich selbst entzweit ist, kann dieses Reich nicht bestehen. Und wenn ein Haus mit sich selbst entzweit ist, wird dieses Haus nicht bestehen können. Und wenn der Satan gegen sich selbst aufgestanden und mit sich entzweit ist, kann er nicht bestehen, sondern er hat ein Ende (Mk 3,24-26).*

Ist jede einzelne Manifestation, die in einer Bewegung Gottes geschieht, ein Zeichen von Gottes Segen? Nein! In jeder Bewegung Gottes unter Menschen gibt es immer einige, die nicht unter der Inspiration des Heiligen Geistes manifestieren. Sobald wir diese Frage in unserem Verstand geklärt haben, können wir unterscheiden, was gerade geschieht. Wenn Ihr Geist für den Heiligen Geist empfindsam ist, werden Sie den Unterschied zwischen dem, was von Gott ist, und dem, was nicht von ihm ist, erkennen. Es ist dasselbe, wie wenn jemand mit einer Prophetie herausplatzt, mit der Ihr Geist nicht übereinstimmt. Nur weil jemand eine Prophetie vergeigt, bedeutet das nicht, dass wir alles Prophetische über Bord werfen. Wir brauchen einfach genaue Unterscheidung. In 1. Korinther 12,10 wird eine geistliche Gabe erwähnt, die sich „Unterscheidung der Geister" nennt. Speziell Gemeindeleiter brauchen diese Gabe! Sie wird es ihnen ermöglichen, dafür zu sorgen, dass die Dinge rund laufen und Jesus verherrlicht wird.

Wie können wir erkennen, was vom Heiligen Geist ist und was nicht?

*Geliebte, glaubt nicht jedem Geist, sondern prüft die Geister, ob sie aus Gott sind! Denn viele falsche Propheten sind in die Welt hinausgegangen.* **Hieran erkennt ihr den Geist Gottes: Jeder Geist, der Jesus Christus, im Fleisch gekommen, bekennt, ist aus Gott; und jeder Geist, der nicht Jesus bekennt, ist nicht aus Gott** (1 Joh 4,1-3).

Zuallererst gilt: Wenn die Person, die dient, Jesus erhebt, wird der Heilige Geist derjenige sein, der als Antwort auf ihre Gebete kommt. Der Feind wird Jesus nie vorsätzlich erheben, sondern nur seinen Namen lästern. Wenn wir mit einem Herzen Jesus dienen wollen, dass Jesus erhebt, können wir darauf vertrauen, dass Gott im Leben der Person, für die wir beten, wirkt.

Die nächste Frage, die wir vielleicht stellen wollen, ist folgende: Ist die Manifestation ein Zeichen von Gottes Segen und Erneuerung, von Bevollmächtigung und Salbung für den Dienst oder ist sie eine Konfrontation der Mächte und kommt dabei ein dunkler

Bereich ans Licht? Meistens hat das Zittern in dieser gegenwärtigen Bewegung Gottes mit der Bevollmächtigung zum Dienst zu tun. Geistliche Gaben der Fürbitte, Prophetie, Heilungen, des pastoralen Dienstes, der Evangelisation und andere solche Gaben werden mit großer Kraft freigesetzt, um das Volk Gottes für die kommende Erweckung vorzubereiten. Die Freude und das Lachen, welches wir zuvor erwähnt haben, sind gute Anzeichen dafür, dass Gott sein Volk für die kommenden Zeiten vorbereitet!

Wenn die Manifestation deshalb auftritt, weil ein dunkler Bereich aufgedeckt wird, erfordert dies eine Umkehr von der Sünde, der wir womöglich die Tür geöffnet haben. Möglicherweise muss daraufhin noch ein Befreiungsdienst erfolgen. Wenn dem so ist, ist es weise, die Befreiung abseits vom Versammlungsraum in einem Nebenraum durchzuführen. Dies hängt natürlich davon ab, wie intensiv die benötigte Befreiung ist und wie lange sie dauert. Wenn die Person, um Aufmerksamkeit zu erregen, andauernd wild manifestiert, dann braucht es richtige Unterscheidung und pastorale Intervention.

## Die Frucht prüfen

Die biblische Weise, diese Manifestationen zu prüfen, ist, die Frucht zu untersuchen, die sie hervorbringt. Jeder andere Beurteilungsmaßstab ist nicht biblisch und führt zu kritischem Skeptizismus. Damit machen wir uns selbst zum Richter und nehmen den Platz des wahren Richters im Himmel ein. Richten bedeutet: eine endgültige Entscheidung hinsichtlich einer Person oder einer Sache zu treffen. Die Pharisäer fällten in Bezug auf Jesus ein Urteil bzw. eine endgültige Entscheidung, trotz der großartigen Dinge, die er getan hatte, und der Frucht, die er hervorgebracht hatte. Sie entschieden endgültig, dass er nicht der Messias war, auf den sie warteten. Sogar, nachdem er auferstanden war, als die Engel den Stein wegrollten und die römische Wachen wie tot zu Boden stürzten, entschieden sich die Pharisäer, nicht zu glauben. Stattdessen bestachen sie trotz des unwiderlegbaren Beweises, dass er auferstanden war, die Wachen, zu sagen, Jesu Körper sei gestohlen worden (vgl. Mt 28,2-4.11-15).

Auch wir müssen uns davor in Acht nehmen, eine endgültige Entscheidung gegen diese Bewegung zu fällen, damit nicht auch wir womöglich diese göttliche Heimsuchung verpassen, auf die wir gewartet haben. Wir sollten weise sein und Gott die endgültige Entscheidung in Bezug auf eine Manifestation oder etwas anderes fällen lassen. Halten Sie nach der Frucht Ausschau. Wird Jesus wirklich verherrlicht oder nicht?

Bislang zeigen uns Zeugnisse aus der ganzen Welt und auch unsere eigene Erfahrung, dass Menschen sich auf eine ganze neue Weise neu in Jesus verlieben. Leute werden in jeglichem Bereich geheilt und wiederhergestellt. Pastoren und Gläubige werden von vergangenen seelischen Narben und tiefen Wunden in ihrem persönlichen Leben und ihren Diensten geheilt. Viele erhalten einen Ruf bzw. eine Salbung, um in Jesu Dienst gebraucht zu werden. Wir bemerken mehr Demut und Respekt unter Christen und Leitern, die von der gegenwärtigen Erneuerung berührt worden sind. Dies bringt die Frucht der Liebe und der Versöhnung hervor, welche die Einheit unter dem Volk Gottes quer über Grenzen von Denominationen hinweg fördert.

Hindernisse, die Leute davon abgehalten haben, mit Gott vorwärtszugehen, werden durchbrochen. Sowohl körperliche und emotionale Heilungen als auch Befreiung von dämonischer Bedrückung nehmen zu. Über viele, die sich in dieser Erneuerung befinden, kommt ein Geist der Fürbitte für die Unerretteten. Eine große Anzahl von Christen, die abgefallen sind, kehren zum Herrn und zur Gemeinde zurück. Diejenigen, die mit dieser Erneuerung mitgehen und sie fördern, empfangen frisches Feuer und Kühnheit zum Evangelisieren, und dies nimmt ständig zu und wird ansteckend!

Sie können die Frucht nicht bestreiten, die ich Ihnen gerade beschrieben habe. Dies sind lediglich einige Früchte aus dieser Erneuerung. Alle Zeichen, Wunder, Phänomene, Offenbarungen und Manifestationen sind großartig, aber dennoch zweitrangig hinsichtlich der Frucht der Liebe. Viele Leute, die von dieser Bewegung

berührt worden sind, sagen, dass das, was sie am meisten überzeugt und verändert hat, die Liebe ist, die sie von Gott und von
ihren Brüdern und Schwestern im Herrn erfahren haben. Es ist
erfrischend zuzuhören, wie Christen über diese Liebe sprechen,
die häufig vorher nicht in der Gemeinde war, aber nun auferweckt wird. Was sind solche Zeichen dieser Liebe?

*Die Liebe ist langmütig und gütig, die Liebe beneidet nicht, die
Liebe prahlt nicht, sie bläht sich nicht auf; sie ist nicht unan-
ständig, sie sucht nicht das Ihre, sie lässt sich nicht erbittern, sie
rechnet das Böse nicht zu; sie freut sich nicht an der Ungerech-
tigkeit, sie freut sich aber an der Wahrheit; sie erträgt alles, sie
glaubt alles, sie hofft alles, sie erduldet alles. Die Liebe hört
niemals auf. Aber seien es Weissagungen, sie werden weggetan
werden; seien es Sprachen, sie werden aufhören; sei es Erkenntnis, sie wird weggetan werden ... Nun aber bleiben Glaube, Hoffnung, Liebe, diese drei; die größte aber von diesen ist
die Liebe* (1 Kor 13,4-8,13 SLT).

Halten sie Ausschau nach dieser Frucht und glauben Sie Gott, dass
Sie diese Art von Frucht hervorbringen werden. Sie wird mehr
darüber aussagen, was Gott im Leben einer Person tut, als lediglich äußere Manifestationen.

# KAPITEL 6

# Sich verlieben

*Wir lieben ihn, weil er uns zuerst geliebt hat* (1 Joh 4,19 SLT).

*Er küsse mich mit dem Kusse seines Mundes; denn deine Liebe ist lieblicher als Wein* (Hld 1,2).

*Lasst uns fröhlich sein und jubeln und ihm die Ehre geben; denn die Hochzeit des Lammes ist gekommen, und seine Frau hat sich bereitgemacht* (Offb 19,7).

Es gibt einen Aspekt dieses Hochzeitsfestes, der noch wichtiger ist als die Manifestationen, die Gaben und die Geschenke bzw. wer eingeladen ist, wer aus der Reihe tanzt und so weiter. Die Liebesbeziehung zwischen Braut und Bräutigam muss im Zentrum von allem anderen stehen, was geschieht. Wenn dies nicht der Fall ist, ist das Fest vergeblich. Denn, was ist überhaupt der Sinn dieses Festes? Ist es nicht die Tatsache, dass eine neue Liebesbeziehung zwischen der Braut und dem Bräutigam begonnen hat und die Gäste eingeladen sind, an dieser Freude teilzuhaben?

## Das Gesetz der Liebe

Viele „Bräute" heiraten aus Zweckmäßigkeit – damit ihre Bedürfnisse gestillt werden und so weiter. Wie viele Christen sind wegen der Annehmlichkeiten eine Beziehung mit Jesus Christus eingegangen und haben ihn dennoch nie wirklich kennengelernt? Das Herz einer jeden Beziehung ist die Liebe. Eigentlich wird Liebe nicht als eine Wahlmöglichkeit betrachtet, sondern sie ist eine Voraussetzung für die Braut, wenn sie ihren Ehemann wahrhaftig und völlig kennenlernen und ihre Bestimmung mit ihm erfüllen will. Gewiss kann die Braut ihrer Familie und ihren Freunden, die sie als Gäste eingeladen hat, diese Liebe auch vermitteln. Wenn sie jedoch nie eine echte Liebesbeziehung mit dem Bräutigam eingegangen ist, wird diese Liebe irgendwann versiegen.

Ist die Braut einmal verheiratet, wird die Fähigkeit, diese Liebe an die Menschen in ihrem Umfeld weiterzugeben, von ihrem Vermögen abhängen, die Liebe des Bräutigams zu empfangen und ihn zu lieben. Wenn dies nicht der Fall ist, ist ihre Ehebeziehung offensichtlich gestört und dieser Umstand wird sich auf alle ihre anderen Beziehungen auswirken. Die Liebe ist das wichtigste Gesetz, von dem der Erfolg der Braut mit dem Bräutigam abhängt – es darf nie gebrochen werden.

> *Lehrer, welches ist das größte Gebot im Gesetz? Er aber sprach zu ihm: „Du sollst den Herrn, deinen Gott, lieben mit deinem ganzen Herzen und mit deiner ganzen Seele und mit deinem ganzen Verstand." Dies ist das größte und erste Gebot. Das zweite aber ist ihm gleich: „Du sollst deinen Nächsten lieben wie dich selbst." An diesen zwei Geboten hängt das ganze Gesetz und die Propheten* (Mt 26,36-40).

Die ganze Bibel basiert von Anfang bis Ende auf diesem einen Gesetz der Liebe. Ja, in dieser Hinsicht sind Christen noch immer unter dem Gesetz. Aus irgendeinem Grund nimmt diese Liebesbeziehung bei vielen aus dem Volke Gottes langsam ab. Mit der Zeit ist man nur noch mechanisch dabei. Diese Tragik stoppt den Fluss der Erneuerung, da Liebe die Wurzel jeder Erneuerung ist. Erkaltet diese Liebesbeziehung, stagniert auch die Erneuerung. Nimmt diese Atmosphäre der Liebe jedoch wieder zu, wird sie schlussendlich eine Erweckung hervorbringen, durch die viele Menschen gerettet werden.

Wie kann man dem zweiten Gebot, seinen Nächsten wie sich selbst zu lieben, gehorsam sein, wenn man dem ersten – Gott mit seinem ganzen Herzen, Verstand, Willen, seiner Seele und Kraft zu lieben – nicht gehorsam ist? Wenn man jemals Liebe geben möchte, muss man zuerst dem ersten Gebot gehorchen und somit zur Quelle der Liebe gehen. Dies bedeutet Erneuerung. Leute sagen häufig: Wenn diese Erneuerung eine echte Bewegung Gottes wäre, dann sollten dadurch gleich große Menschenmengen gerettet werden. Dies ist eine irrige Ansicht, denn Erneuerung ist nicht dasselbe wie Evangelisation. Lassen Sie sich zuerst erneuern, danach können sie in die nächste Phase hineinkommen. Wenn Sie die Liebesphase überspringen, wird der Rest Ihrer Reise zur Plackerei und Sie laufen Gefahr, zum Gesetzesbrecher zu werden.

*Nicht jeder, der zu mir sagt: Herr, Herr! wird in das Reich der Himmel eingehen, sondern wer den Willen meines Vaters im Himmel tut. Viele werden an jenem Tag zu mir sagen: Herr, Herr, haben wir nicht in deinem Namen geweissagt und in deinem Namen Dämonen ausgetrieben und in deinem Namen viele Wundertaten vollbracht? Und dann werde ich ihnen bezeugen: Ich habe euch nie gekannt; weicht von mir, ihr Gesetzlosen!* (Mt 7,21-23 SLT).

Das ist eine starke Aussage, und dennoch kommt sie aus dem Mund von unserem Herrn Jesus Christus. Wenn man die Werke des Dienstes für ihn tut, bedeutet dies nicht zwingenderweise, dass man seinen Willen tut, noch ist es ein Beweis unserer Liebe. Nur diejenigen, die den Willen des Vaters tun, werden in das Königreich Gottes hineinkommen. Könnte es einen höheren Willen geben, als die Werke des Dienstes zu tun, die uns Jesus geboten hat? Als Jesus verkündete: *„Ich habe euch nie gekannt ... ihr Gesetzlosen,"* zeigt dies die schockierende Realität auf, dass diese Werke nicht das sind, worum es ihm hauptsächlich geht. Er möchte Zeit mit uns verbringen.

Wenn sich zum Beispiel ein Ehemann nie wirklich Zeit für seine kostbare Ehefrau nimmt, sondern lediglich für sie sorgt, ihr ums Haus herum hilft usw., dann mögen Jahre vergehen und er wird seine Frau immer noch nicht richtig kennen. Die Frau schätzt all die Arbeit, die er tut, aber es erfüllt sie nicht. Irgendwann wird es bestimmt ein Kommunikationsproblem geben. Wie viel mehr brauchen wir die beständige Kommunikation mit unserem Herrn, wenn wir ihn kennenlernen und spezifische Anweisungen erhalten wollen, wie wir ihm dienen können.

Die Liebe hält alles zusammen. Liebe, die sich darin ausdrückt, dass wir uns Zeit nehmen, um Gott kennenzulernen, ist, worum es ihm geht. Werke, die aus der Beziehung heraus getan werden, werden gesegnet und anerkannt werden. Das Motto „Gott kennen und ihn bekanntmachen" von Jugend mit einer Mission[1] zeigt klar auf, in welcher Reihenfolge die Dinge ablaufen müssen. Wenn Sie zu beschäftigt sind, wirklich intensiv Zeit mit Gott zu verbringen, weil Sie ja seinen „Willen" tun, dann befinden Sie sich genaugenommen außerhalb seines Willens. Sie haben einen gravierenden Fehler begangen und das Gesetz der Liebe gebrochen.

*Wenn ich in den Sprachen der Menschen und der Engel rede, aber keine Liebe habe, ... so bin ich nichts. Und wenn ich alle meine Habe zur Speisung der Armen austeile und wenn ich meinen Leib hingebe, damit ich Ruhm gewinne, aber keine Liebe habe, so nützt es mir nichts* (1 Kor 13,1-3).

Opfer für Gott zu bringen, ist von äußerster Wichtigkeit, und trotzdem kann es ohne Liebe getan werden. Sogar, wenn Sie sich zu einem Märtyrer machen und Ihr Leben um seinetwillen hinlegen, ist es möglich, dass Sie dies aus einem religiösen Geist und aus Willenskraft heraus tun und es Ihnen dennoch sehr an Liebe fehlt. Terroristen geben ihr Leben bereitwillig für ihren Gott auf, doch ist dies ein Beweis dafür, dass sie eine echte Liebesbeziehung zum wahren Gott haben? Eher für das Gegenteil! Das größte Opfer,

---

[1] „Jugend mit einer Mission" ist der deutschsprachige Zweig der 1960 von Darlene und Loren Cunningham gegründeten Missionsgesellschaft „Youth With A Mission" (YWAM). Anmerkung d. Übers.

das eine Person bringen kann, verblasst im Vergleich zum Gehorsam dem Gesetz der Liebe gegenüber.

*Recht und Gerechtigkeit üben ist dem Herrn lieber als Opfer* (Spr 21,3 SLT).

Gleichermaßen mag ein Mann hart für seine Frau arbeiten und dennoch nie dazu fähig sein zu sagen: „Ich liebe dich." Er versucht sich womöglich zu rechtfertigen, indem er sagt, dass seine harte Arbeit und die Tatsache, dass er sie versorgt, ja ein Beweis seiner Liebe zu ihr sei. Er meint deshalb, es würde sich erübrigen, die Worte „Ich liebe dich" auszusprechen. Dies ist eine falsche Vorstellung unserer heutigen Gesellschaft, die wir in die Gemeinde und in unsere Beziehung zu Jesus hineinbringen. Die Bibel zeigt den Fehler und die Sünde dieser Denkweise klar auf. Zu evangelisieren und jede andere Art von Arbeit zu tun, ohne wirklich Zeit aufzuwenden, um Gott zu lieben, führt zu einem religiösen Geist. Dies alles läuft auf Religion im Gegensatz zu Beziehung hinaus. Eine religiöse Person wird evangelisieren, indem sie den Sünder verdammt und verurteilt, während eine Person, die in Jesus verliebt ist, diese Liebe vermitteln wird und es dem Heiligen Geist überlassen wird, andere zu überführen. Der Versuch, Gott im Überführungsprozess zu helfen, resultiert immer in Gefühlen der Verdammnis.

Man wird die Werke des Dienstes entweder aus Barmherzigkeit oder aus einem Gefühl der Gerechtigkeit heraus tun, je nachdem, ob man eine Liebesbeziehung zu Gott hat oder nicht. Liebe ist eines der Dinge, zu denen man sich niemals zwingen kann. Man kann sich disziplinieren zu beten, zu lesen, zu arbeiten usw., aber niemals, zu lieben. Sie können nur lieben, wenn Sie Zeit mit Gott verbringen, denn Gott ist die Liebe. Sie können diese Frucht des Geistes nicht einfach aus sich selbst heraus durch bloße Werke oder durch Disziplin hervorbringen.

*Seid niemand etwas schuldig, außer dass ihr einander liebt; denn wer den anderen liebt, hat das Gesetz erfüllt. Denn die [Gebote]: „Du sollst nicht ehebrechen, du sollst nicht töten, du sollst nicht stehlen, du sollst nicht falsches Zeugnis ablegen, du sollst nicht begehren" — und welches andere Gebot es noch gibt —, werden zusammengefasst in diesem Wort, nämlich: „Du sollst deinen Nächsten lieben wie dich selbst!" Die Liebe tut dem Nächsten nichts Böses; so ist nun die Liebe die Erfüllung des Gesetzes* (Röm 13,8-10 SLT).

## Die lieblose Gemeinde

*Dem Engel der Gemeinde in Ephesus schreibe: Dies sagt der, der die sieben Sterne in seiner Rechten hält, der inmitten der sieben goldenen Leuchter wandelt: Ich kenne deine Werke und deine Mühe und dein Ausharren, und dass du Böse nicht ertragen kannst; und du hast die geprüft, die sich Apostel nennen und es nicht sind, und hast sie als Lügner befunden; und du hast Ausharren und hast vieles getragen um meines Namens willen und bist nicht müde geworden. **Aber ich habe gegen dich, dass du deine erste Liebe verlassen hast.** Denke nun daran, wovon du gefallen bist, und tue Buße und tue die ersten Werke! Wenn aber nicht, so komme ich zu dir und werde deinen Leuchter von seiner Stelle wegrücken, wenn du nicht Buße tust* (Offb 2,1-5).

Die Gemeinde von Ephesus wird als die lieblose Gemeinde bezeichnet. Es fällt einem schwer zu glauben, dass sie mit all ihren guten Werken und Opfern für den Herrn beschuldigt werden könnte, lieblos zu sein. Das Problem ist, dass die Gemeinde in Ephesus ihre Werke über ihre Beziehung zum Herrn gestellt hatte. Sie hatte das Gesetz der Liebe gebrochen und wurde somit einer Sünde angeklagt, die zur Folge hätte, dass ihre Leuchte weggenommen werden würde, falls sie nicht umkehrte.

Gott gibt in dieser Zeit seinem Volk eine ernsthafte Warnung. Gemeinden und Dienste, die in diesem System der Werke funktionieren, und von ihrer Beziehung zu Jesus abgewichen sind, werden bald bemerken, dass ihre Leuchter weggenommen werden. Einflussreiche Dienste werden an Einfluss verlieren und ins Abseits geraten, wenn eine neue Generation von „Gott-Liebhaber" ihren Platz einnehmen wird. Gemeinden, die einst großen Zulauf hatten, werden schrumpfen, da der alte Wein genauso schnell ausgeht wie ihre erste Liebe. Wenn dies bei Ihnen und Ihrer eigenen Gemeinde der Fall ist, können sie die Situation verändern. Kehren Sie zu Ihrer ersten Liebe zurück.

*Aber ich habe gegen dich, dass du deine erste Liebe verlassen hast. Denke nun daran, wovon du gefallen bist, und tue Buße und tue die ersten Werke ... (Offb 2,4-5).*

Wenn Sie der Lieblosigkeit schuldig befunden werden, erinnern Sie sich daran, wie es war, als Ihre Liebesbeziehung neu, frisch und begeisternd war. Stunden in seiner Gegenwart fühlten sich an wie Minuten. Kehren Sie zu dieser Liebe zurück, zu Ihrer ersten Liebe, die sie am Anfang erlebt haben. Tun Sie Buße und sagen Sie Gott, dass Sie wollen, dass diese Beziehung wiederhergestellt wird, und laden Sie ihn ein, den ersten Platz in Ihrem Leben und Dienst einzunehmen. Dies sind die „ersten Werke", zu denen uns Vers 5 auffordert. Diese Werke sind an und für sich keine großen äußerlichen Werke des Dienstes, sondern ein inneres Werk an unserem Herzen dem Herrn gegenüber. Zu unseren ersten Werken zurückzukehren, bedeutet zu unserer ersten Liebe zurückzukehren. Dies ist der Eckstein eines jeden anderen Werkes, das wir jemals tun werden. Wenn Sie Ihn an erster Stelle behalten, werden Sie Ihren Lohn nicht verlieren.

*Wer ein Ohr hat, höre, was der Geist den Gemeinden sagt! Wer überwindet, dem werde ich zu essen geben von dem Baum des Lebens, welcher in dem Paradies Gottes ist (Offb 2,7).*

Was ist das Geheimnis dieses Baumes des Lebens? Der Baum des Lebens stand im Garten Eden. In diesem Garten gab es, bevor Adam und Eva sündigten, eine perfekte Gemeinschaft zwischen Gott und dem Menschen. Sie kannten einander, sprachen miteinander und verbrachten Zeit miteinander. Die Gemeinde von Ephesus wird, symbolisch für uns heute, ermahnt, zum ursprünglichen Plan zurückzukehren – zur perfekten Beziehung mit ihm. Dort kann man den Baum des Lebens finden, indem man dem Gesetz der Liebe gehorcht.

## Die Liebe des Vaters

Die Braut empfängt viele Segnungen, wenn sie sich entscheidet, den Bräutigam zu heiraten. Eines der wichtigsten Vorrechte, das sie bekommt, ist, die Liebe des Vaters des Bräutigams kennenzulernen. Bevor sie sich dazu entschloss, den Bräutigam zu heiraten, hatte sie keinen Zugang bzw. keine Beziehung zum Vater des Bräutigams. Nun, da sie heiratet, haben sich die Verhältnisse geändert.

*Und an jenem Tag werdet ihr mich nichts fragen. Wahrlich, wahrlich, ich sage euch: Was ihr den Vater bitten werdet in meinem Namen, wird er euch geben. Bis jetzt habt ihr nichts gebeten in meinem Namen. Bittet, und ihr werdet empfangen, damit eure Freude völlig sei! (Joh, 16,23-24).*

Gott Vater sehnt sich ernstlich danach, dass wir in diese Beziehung zum ihm eintreten. Die meisten Christen befassen sich nur mit Jesus, strecken sich aber nie danach aus, eine echte Beziehung mit ihrem himmlischen Vater zu haben. Die Tragödie geht bis in den Garten Eden zurück. Der Vater wandelte mit Adam und Eva im Garten und sprach dort mit ihnen und sie erfreuten sich einer perfekten Beziehung zu ihm – bis die Sünde kam. Zu diesem Zeitpunkt wurde die Menschheit von Gott abgeschnitten und die Beziehung war zerbrochen.

Sie können dies womöglich nachvollziehen. Vielleicht hatten Sie eine Beziehung mit jemandem, der Ihnen sehr nahestand. Wegen einer Kränkung oder einer Verletzung kam es in dieser Beziehung zum Bruch. Oft wünschen Sie sich, dass diese Beziehung wiederhergestellt würde, und die andere Person denkt wahrscheinlich dasselbe. Doch bevor sich nicht jemand demütigt und einen Schritt in Richtung Versöhnung macht, wird nie etwas geschehen, damit Ihre Beziehung wiederhergestellt wird. Genauso fühlt sich der Vater in Bezug auf uns. Er wünscht sich verzweifelt, dass seine Beziehung zu uns wiederhergestellt wird, also sandte er seinen einzigen Sohn, damit dieser für uns sterbe..

Wenn wir Jesus in unser Leben aufgenommen und somit in die Familie Gottes eingeheiratet haben, wird diese Beziehung von

Seiten des Vaters wiederhergestellt. Obwohl dies stimmt, gibt es ein Problem: Die meisten Christen beziehen sich auf ihren himmlischen Vater nur als „Vater" und nicht als „Papa". Schuldgefühle und Einschüchterung sind bei diesen geschätzten Menschen noch sehr tief verwurzelt, genauso wie es bei Adam und Eva war, nachdem sie gesündigt hatten. Diese Gläubigen haben immer noch Angst davor, dass, wenn sie dem Vater zu nahekommen, sie vielleicht wie Adam und Eva im Garten als geistlich nackt befunden werden.

Falls dies auf Sie zutrifft, seien Sie ermutigt. Sie sind mit dem kostbaren Blut Jesu bedeckt. Wenn Sie in einer richtigen Beziehung zu Jesus stehen, dann sieht Gott Vater, wenn er Sie sieht, Jesus. Er hat sich entschieden, Sie auf diese Weise zu sehen und nicht so, wie Sie sich selbst sehen. Lassen Sie es nicht zu, dass Schuld und Verdammnis Sie von einer Beziehung zu Ihrem Vater abhalten. Er liebt Sie so sehr und sehnt sich danach, diese enge Beziehung zu Ihnen zu haben.

*Und ich habe ihnen deinen Namen verkündet und werde ihn verkünden, damit die Liebe, mit der du mich liebst, in ihnen sei und ich in ihnen* (Joh 17,26 SLT).

Hätten Adam und Eva nie gesündigt, sondern in einer ständigen Beziehung mit dem Vater gelebt, hätte es für ihn keinen Grund gegeben, Jesus zu senden, um für unsere Sünden am Kreuz zu sterben. Wir hätten bereits ewiges Leben gehabt. Er sandte Jesus, um unsere Beziehung zum Vater wiederherzustellen – nicht einfach, damit wir Jesus kennenlernen, sondern damit unsere Beziehung zum Vater wiederhergestellt würde. So wertvoll ist dem Vater seine Beziehung zu Ihnen. Der Mensch hat das ewige Leben verloren, als die Sünde in sein Leben kam. Die Quelle des ewigen Lebens war, den Vater im Garten zu kennen, und heute ist es immer noch so. Durch Jesus Christus können wir ewiges Leben haben, weil wir durch ihn Zugang zum Vater haben. Jesus ist unsere Verbindung zum Vater. Für die meisten Menschen ist die Sache erledigt, sobald sie Jesus kennen, aber mit ihm beginnt auch eine neue Beziehung in der Liebe des Vaters, wenn wir es zulassen.

Der Ursprung des ewigen Lebens ist, den Vater zu kennen. Ist Ihnen bewusst, dass es von 1. Mose bis zur Offenbarung durch die Jahrhunderte hindurch Gottes Plan war, seine Beziehung zu uns wiederherzustellen? Nur darum dreht sich das ewige Leben!

*Dies aber ist das ewige Leben, dass sie dich, den allein wahren Gott, und den du gesandt hast, Jesus Christus, erkennen* (Joh 17,3).

Beachten Sie, dass bei diesem Vers zuerst das Kennen Gottes erwähnt wird und er sich auf Gott als unseren Vater bezieht, noch bevor der Sohn erwähnt wird. Juden und Muslime sehnen sich verzweifelt danach, diese Liebe des Vaters zu bekommen. Deshalb tun sie viele Werke und haben Rituale, um ihm irgendwie zu gefallen, indem sie bestimmte religiöse Anforderungen erfüllen. Seit Jahrhunderten haben Muslime einen inneren Hass auf die Juden, da sie den Segen von ihrem gemeinsamen Vater Abraham selbst erben wollten. Der Geschichte zufolge war Ismael der Erstgeborene und wurde dennoch abgelehnt, da er aus Ungehorsam und durch Werke empfangen wurde. Sara und Abraham wollten Gott auf die Sprünge helfen (vgl. 1 Mose 16).

Sara unterbreitete Abraham ihren Plan, er könne doch von einer ihrer Mägde einen Sohn haben. Im Grunde genommen vertrauten sie Gott nicht, dass er die Verheißung erfüllen würde. Seit jener Zeit haben die Muslime dieses Gefühl der Ablehnung. Sie vollbringen noch mehr Werke und Rituale als die Juden, um irgendwie den Segen der Liebe des Vaters zu erhalten. Im Gegenteil dazu fühlen sich die Juden sicher, dass sie diejenigen sind, die von Gott erwählt wurden. Aber dennoch haben sie keine persönliche Beziehung zum Vater, es sei denn, sie nehmen Jesus als ihren langerwarteten Messias an, der dies ermöglicht. Juden, Muslime und der Rest der Welt brauchen Jesus Christus, damit er sie in diese Beziehung zum Vater bringt.

Die gegenwärtige Erneuerung ist von der Erneuerung der Vaterliebe gekennzeichnet. Für viele ist dies eine lebensverändernde Offenbarung. So viele von uns haben Mühe damit, mit Gott als unserem Papa in Beziehung zu treten, weil unsere irdischen Väter vielleicht nicht wussten, wie sie Liebe geben oder empfangen konnten. Irdische Väter sind manchmal emotionslos, hart, kritisch und lieblos. Einige von Ihnen wurden sogar von ihren Vätern missbraucht. Wenn dies bei Ihnen so ist, haben Sie wahrscheinlich Schwierigkeiten damit, zu wissen und zu verstehen, dass Ihr himmlischer Papa Sie wirklich liebt und Zeit mit Ihnen verbringen möchte. Dafür ist er nie zu beschäftigt. Wenn der Vater Ihnen seine Liebe zeigt, werden Sie völlig verändert werden, und diese Liebe wird für Sie zu einer Quelle tiefer Heilung werden.

Auch Pastoren werden durch diese Liebe des Vaters verändert und sind somit in der Lage, ihren Gemeinden und durch ihre Dienste diese Liebe auszudrücken. Auf diese Weise werden sie zu den echten Vaterfiguren, zu denen sie berufen sind, und zu einer Quelle der Heilung für das Volk Gottes.

Bitten Sie Gott, Ihnen diese Liebe zu offenbaren, wenn Sie sie noch nie erfahren haben und nach ihr verlangen. Dieser Aspekt der Liebe Gottes ist anders als die Liebe Jesu und des Heiligen Geistes. In dem Maß, in dem Sie sich Ihrem Papa ohne Gefühle der Angst und der Verdammnis öffnen, werden Sie verändert werden.

Prophetisch gesprochen, bittet der Vater seine Kinder in diesem Bereich der Erneuerung darum, damit aufzuhören, durch gute Werke und Dienste seine Liebe verdienen zu wollen, sondern sie einfach zu empfangen. Durch seine Gnade gehört sie uns schon, denn sein Sohn hat den Preis dafür am Kreuz bereits bezahlt. Ihr himmlischer Vater wartet mit offenen Armen auf Sie, dass zu ihm kommen, so wie Sie sind.

# KAPITEL 7

# Fragen und Bedenken

*Alle waren außer sich vor Staunen. „Was hat das zu bedeuten?",
fragte einer den anderen, aber keiner hatte eine Erklärung dafür.
Es gab allerdings auch einige, die sich darüber lustig machten.
„Die haben zu viel süßen Wein getrunken!" (Apg 2,12-13 NGÜ).*

Als der Speisemeister sich an Jesus wendet, welche Fragen wird er
ihm in Bezug auf die Hochzeit wohl stellen? Es ist klar, dass der
gegenwärtige Aufbruch Gottes Fragen aufwirft. Fragen zu haben,
bedeutet, dass man es wahrscheinlich ernst mit Gott meint. Ich
möchte nun auf einige der am meisten verbreiteten Fragen und
Reaktionen eingehen, die in der gegenwärtigen Erneuerungsbewegung auftauchen. Aufgrund eines Mangels an Wissen und Unterscheidung und der daraus resultierenden Angst, versäumen Menschen häufig das, was Gott gerade tut. Sehen wir uns einige dieser
Fragen an, die Sie und andere, die Sie kennen, vielleicht haben.

## *„Es macht mir Angst"*

Manche sagen womöglich: „Wenn diese Bewegung von Gott wäre, würde sie mir keine Angst machen!" Nun, es gibt zwei Arten
von Angst bzw. Furcht:

*Denn Gott hat uns nicht einen Geist der Furchtsamkeit gege-
ben, sondern der Kraft und der Liebe und der Zucht* (2 Tim 1,7
NGÜ).

Die Furcht, die Satan verursacht, raubt uns den Glauben und die
Hoffnung und macht uns unfähig zu lieben. Diese Art von Furcht
ist destruktiv.

Andererseits gibt es auch eine gottgegebene Furcht, welche der
Anfang der Weisheit ist (vgl. Spr 9,10). Immer wenn die Bibel davon berichtet, dass Gott sein Volk auf übernatürliche Weise besuchte, löste dies Furcht aus. Menschen fürchten sich vor dem
Unbekannten! Als Menschen können wir Gott weder völlig kennen noch alles über ihn wissen. Deshalb kann sehr wohl Angst
aufkommen, wenn unser Heiliger Gott eine sterbliche Person auf
eine eher persönliche und mächtige Weise besucht.

Wenn Gott auf eine Weise wirkt, die wir schon gewohnt sind,
wird uns dies häufig nicht aus der Fassung bringen. Mit der Zeit
aber können Christen mit der Normalität eines überorgansierten
und -strukturierten christlichen Lebens oft zu sehr vertraut werden. Gott will sein Volk aufrütteln und aufwecken. Wenn er uns
dazu überraschen muss, um unsere Aufmerksamkeit zu bekommen, wird er es tun. Unser Verstand ist zu begrenzt, um Gottes
grenzenlose Wege zu verstehen. Gott sprengt unser Vorstellungs-
vermögen total. Wenn die Sündigkeit des Menschen mit der Heiligkeit Gottes in Berührung kommt, kann diese große Furcht auslösen – göttliche Furcht.

*Und siehe, eine Hand rührte mich an, so dass ich mich zitternd
auf meine Knie und Hände stützen konnte. Und er sprach zu
mir: Daniel, du vielgeliebter Mann, achte auf die Worte, die ich
jetzt zu dir rede, und nimm deine Stellung ein; denn jetzt bin
ich zu dir gesandt! Als er dieses Wort zu mir redete, stand ich
zitternd auf. Da sprach er zu mir: Fürchte dich nicht, Daniel!
Denn von dem ersten Tag an, da du dein Herz darauf gerichtet
hast, zu verstehen und dich vor deinem Gott zu demütigen, sind
deine Worte erhört worden, und ich bin gekommen um deiner
Worte willen* (Dan 10,10-12 SLT).

Diese Angst, die Daniel empfand, war nicht destruktiv, sondern führte zu einem großen Sieg im Gebet und offenbarte Gottes Absichten für die Endzeit. Sie zog ihn auch näher zu Gott und bewirkte in ihm die Ehrfurcht vor seiner überwältigenden Größe. Daniel ließ es nicht zu, dass diese Angst ihn daran hinderte, das zu empfangen, was der Herr für ihn bereithielt. Viele Leute beten: „Oh Herr, besuche doch heute dein Volk!" Wenn er es dann wirklich tut, wollen sie oft nicht glauben, dass er es ist. Es ist ihnen zu intensiv. Eine echte Begegnung mit Gott sollte zu einem göttlicheren Lebensstil und mehr Ehrfurcht vor ihm führen. Leider ist dies nicht immer der Fall.

*Ich war im Geist am Tag des Herrn, und ich hörte hinter mir eine gewaltige Stimme, wie von einer Posaune … Und als ich ihn sah, fiel ich zu seinen Füßen nieder wie tot. Und er legte seine rechte Hand auf mich und sprach zu mir: Fürchte dich nicht! Ich bin der Erste und der Letzte* (Offb 1,10,17 SLT).

Warum musste Gott den Leuten ständig sagen, sie sollten sich nicht fürchten, wenn er ihnen erschien? Offenbar deshalb, weil diese Männer und Frauen Gottes wirklich Angst hatten! Es gibt keine versteckte Bedeutung hinter diesen Zeilen. Es ist offensichtlich, dass Angst im Spiel war. Lassen Sie sich durch Angst nicht von dem abhalten, was Gott Ihnen offenbaren oder womit er Sie segnen möchte. Ich bin dankbar, dass Johannes es nicht zuließ, dass Angst ihn daran hinderte, das Buch der Offenbarung zu empfangen, welches uns über die endzeitlichen Ereignisse und über die Tatsache informiert, dass wir am Ende mit Christus siegen werden! Göttliche Furcht ist ein Werkzeug, das Gott manchmal benutzt, um unsere Aufmerksamkeit zu bekommen, wenn er uns wirklich auf eine tiefere Art und Weise begegnen will.

*Solltet ihr nicht mich fürchten, spricht der HERR, und vor mir nicht zittern …?* (Jer 5,22).

Ein anderer Grund, warum sich Leute manchmal fürchten, ist der, dass sie angefangen haben, leichtfertig mit der Kraft Gottes umzugehen. Hananias und Saphira waren nach Pfingsten mitten in einer großen Erweckung. In ihren Anfängen war die Bewegung jedoch wegen Sünde in ihren eigenen Reihen in Gefahr. Beide hatten den Heiligen Geist angelogen. Was war Gottes Antwort darauf, um diese Erneuerung und Erweckung zu schützen?

*Als aber Hananias diese Worte hörte, fiel er hin und verschied.* **Und es kam große Furcht über alle, die es hörten** (Apg. 5,5).

Ich habe von einer wahren Geschichte gehört, die sich im Jahr 1994 ereignete. Der neue Wein des Heiligen Geistes kam gerade auf eine bestimmte Gemeinde. Der Pastor und auch die Gemeinde waren im Prozess der Erneuerung. Zwei Älteste waren jedoch völlig gegen das, was passierte, teilweise auch deshalb, weil sie es nicht verstanden, und so kamen sie zu der Überzeugung, dass dies nicht von Gott sein konnte. Unverzüglich taten sie alles, was in ihrer Macht lag, um diese Bewegung zu stoppen. Das endgültige Resultat war, dass einer der beiden Männer bei einem Autounfall ums Leben kam und der andere in der gleichen Nacht aus unbekannten Gründen verstarb. Göttliche Furcht kam auf die Gemeinde und die Erneuerung ging mit noch größerer Kraft weiter, ähnlich wie in dem Bericht von Hananias und Saphira in der Apostelgeschichte.

Furcht kann in Segen verwandelt werden, wenn sie von Gott kommt und seinen Absichten dient. Wenn Sie Angst haben, lassen Sie sich von ihr näher zu Gott hinziehen. Wenn die Angst vom Teufel ist, widerstehen Sie ihr und ergreifen Sie im Namen Jesu Autorität über sie. Gottes Liebe zu uns wird alle gottlose Furcht bezwingen.

## „Es könnte zu einer Spaltung kommen"

Spaltung ist eine weit verbreitete Besorgnis, speziell unter Pastoren und Leitern, die Verantwortung für ihre Gemeinde tragen. Manche denken: Wenn diese Erneuerung von Gott wäre, sollte sie keine Spaltung hervorrufen. Es gibt jedoch verschiedene Arten von Spaltung. In manchen Fällen kann Spaltung sogar ein Segen sein. Die meisten der größten Bewegungen Gottes riefen irgendwo eine Spaltung hervor.

Als Luther die revolutionäre Wahrheit entdeckte, dass die Errettung durch Glauben kommt und nicht durch Werke, wurde er aus der etablierten Kirche seiner Zeit ausgeschlossen. Diese neue Bewegung Gottes verursachte eine große Spaltung, und dennoch wurde dadurch die wichtige verborgene Wahrheit über die Errettung wiederentdeckt. Als 1725 in New Jersey die „Große Erweckung"[1] ausbrach, wurde sie von den eher traditionellen Kirchen ebenso heftig bekämpft.

Wenn diejenigen, die Teil einer früheren Bewegung Gottes waren, nicht achtsam sind, werden sie häufig zu den Verfolgern der gegenwärtigen. Wir müssen aus der Geschichte lernen, damit wir nicht denselben Fehler begehen und uns unbewusst in derselben Situation wiederfinden, dass wir gegen Gott kämpfen.

In der frühen Gemeinde führte der Gedanke, dass auch Heiden gerettet werden könnten, zu einer Spaltung zwischen den gläubigen Juden. Wir können Gott für diese Spaltung dankbar sein, die dazu führte, dass sich die rettende Botschaft in anderen Nationen ausbreitete. Jesus Christus verursachte fast überall, wohin er ging, Spaltung. Für diejenigen, die ihm in Wahrheit und im Geist folgen, ist Jesus der Fürst des Friedens; im gleichen Zusammenhang sagte Jesus jedoch auch Folgendes: *„Die Feinde des Menschen werden seine eigenen Hausgenossen sein"* (Mt 10,36 SLT).

Gott hat sich nämlich entschieden, sich innerhalb der Gemeinde unter seinem Volk zu bewegen. Manche werden bereitwillig mit diesem Fluss des Wirkens Gottes mitschwimmen. Leider wird es auch andere geben, die dies nicht tun und vielleicht die Gemeinde verlassen bzw. dort Unruhe stiften werden. Die Früchte der üblen Nachrede, der Verleumdung, Rebellion und des Hasses sind weltlich und werden dazu führen, dass das Königreich Gottes auf eine destruktive Weise gespalten wird. Diejenigen, die diese „schlechten Früchten" hervorbringen und in der Gemeinde bleiben, können die Bewegung Gottes dämpfen. Deshalb wird es Gott in seiner Barmherzigkeit zulassen, dass manche Gemeinden bestimmte

---

[1] Siehe Fußnote 1, Kap 5.

Mitglieder für eine gewisse Zeit verlieren, um die Gemeinde zu schützen und vor der Selbstzerstörung zu bewahren.

Nach dieser Art von Spaltung wird eine Gemeinde in der Einheit des Geistes gefestigter sein. Gott wird die Gemeinden, die auf einem solideren Fundament stehen, multiplizieren. Natürlich fällt es einem nicht leicht, dabei zuzusehen, wie zornige Brüder und Schwestern im Herrn voller Bitterkeit weggehen, weil sie nicht annehmen können, was Gott gerade tut. Doch die Gemeinde ist wie jemand geworden, der ein Krebsgeschwür hat: Wenn ein Arzt das kranke Gewebe herausschneidet, wird es wehtun, langfristig wird jedoch dadurch das Leben der Person gerettet werden. Wir müssen unsere Augen langfristig auf das Ewige und nicht auf das Zeitliche gerichtet halten, um das Leben der Gemeinde als Ganzes zu retten. Dämpfen Sie nicht aus Menschenfurcht diese Bewegung Gottes, nur weil womöglich ein paar Leute dagegen sind. Beten Sie für sie und lieben Sie sie, gehorchen Sie jedoch Gott mehr als den Menschen.

Gott ist dabei, seine Gemeinde neu zu strukturieren, damit sie beweglich genug wird, mit seiner Herrlichkeit und den Millionen von neuen Gläubigen umzugehen, die in das Königreich Gottes hineinströmen werden! Zuerst wird er sein Volk reinigen und säubern, indem er die Infektionen abscheidet und die Wunden heilt, um das Leben der Gemeinde zu erhalten, damit sie den neuen Wein recht gebrauchen kann. Gottes Spaltung ist nur vorübergehend und wird schließlich echte Einheit und Gesundheit hervorbringen. Spaltungen aber, die von Satan kommen, werden Zerstörung verursachen, wenn sie nicht verhindert werden.

Gott will den neuen Wein in neue Weinschläuche füllen. Manche Christen und Gemeinden müssen erst zu neuen Weinschläuchen werden, damit sie fähig sind, mit dem neuen Wein des Geistes in rechter Weise umzugehen, und nicht unter seiner Stärke zusammenzubrechen. Wir müssen uns entscheiden, ob wir dazu bereit sind, den Preis für Erneuerung und Erweckung in unserem Leben und in unseren Gemeinden zu bezahlen. Wir können es uns nicht leisten, dass gottlose Furcht eindringt. Gott wird das, was von ihm kommt, segnen. Vor allem in der Übergangszeit dieser neuen Bewegung Gottes müssen wir uns eng an den Heiligen Geist halten und ihm vertrauen, dass er uns zu einer gewaltigen Erweckung durchträgt und die Ernte eingebracht wird.

## *„Es ist zu emotional"*

Wenn zu viele Emotionen im Spiel sind, haben Christen manchmal den Eindruck, dass dies nicht von Gott sein kann. Die Bibel hat viel zu diesem Thema zu sagen: König David tanzte vor Freude in der Gegenwart des Herrn. Er war dermaßen vom Herrn ergriffen, dass er sehr emotional wurde und sogar nackt vor dem Herrn tanzte. Dies ärgerte natürlich seine Frau (vgl. 2 Sam 6). (Ich will damit nicht andeuten, dass jemand das ausprobieren sollte.)

Jesus war emotional so stark bewegt, dass er zornig in den Tempelhof stürmte und die Tische der Geldwechsler umstieß. Damit nicht genug: Sein Zorn trieb ihn noch einen Schritt weiter, sodass er sich eine Peitsche machte, um damit die Geldwechsler hinauszutreiben (vgl. Joh 2,13-15).

Wenn die Lieblingsmannschaft zur Zeit der Fußballweltmeisterschaft ein Tor schießt, muss man nicht weit suchen, um Millionen von Menschen in der ganzen Welt – einschließlich Christen – mit großen Gefühlsausbrüchen vor den Bildschirmen zu finden. Warum? Weil ihnen gerade klar wurde, dass ihre Lieblingsmannschaft das Spiel vielleicht gewinnen könnte. Dies kann Schreien, Auf- und Niederhüpfen, Lachen und sogar Weinen zur Folge haben. Wenn dies, was den Sport betrifft, in jeder Nation vorkommt, warum ist es dann ein so großes Problem, wenn Gottes Volk emotional wird, wenn es mit dem lebendigen Gott in Berührung kommt? Wir behandeln unsere Emotionen, die wir von Gott bekommen haben, häufig wie eine Krankheit.

Ich bin kein Verfechter von Gefühlsausbrüchen, doch wenn eine Person emotional wird, weil ihre Seele vom Heiligen Geist des lebendigen Gottes berührt wurde, ist dies eine natürliche Reaktion. Wir sollten dies nicht kritisieren. Auch wenn wir den Verdacht haben, dass die Person es womöglich vortäuscht, sollten wir nicht überreagieren, wenn sie nicht etwas tut, das wirklich gottlos ist. In solchen Situationen sollten wir uns von der Gabe der Unterscheidung leiten lassen.

Jonathan Edwards sagte: „Niemals ist etwas von religiöser Bedeutung in unserem Geist passiert, was nicht von solch göttlichen Gefühlen begleitet wurde."[2] Ich habe häufig bemerkt, dass viele Leute in dieser Erneuerungsbewegung, die von Lachanfällen oder Weinkrämpfen überwältigt wurden, solche sind, die normalerweise nicht emotional sind und oft jahrelang nicht dazu fähig waren, solche Gefühle auszudrücken. Gott kennt das Herz einer jeden Person und seine bzw. ihre inneren Nöte. Oft kann ein simples Wort des Herrn in Bezug auf vergangene Verletzungen, die er gerade heilt, genügen, dass der emotionale Bereich, der von dieser Verletzung blockiert war, sich wieder öffnet. In vielen Fällen hatte diese nicht geheilte Verletzung auch eine Auswirkung auf die Persönlichkeit der Person.

Wie schon öfters erwähnt, sollten Sie sich nicht von Emotionen *leiten* lassen. Wenn Sie jedoch eine echte Begegnung mit dem Heiligen Geist haben, dann brauchen Sie keine Angst davor zu haben, wenn der Heilige Geist Ihre Emotionen *berühren* will. Es könnte gut zu einer Quelle der Heilung in Ihrem Leben werden.

John White sagt: „Ein Mangel an Gefühlen ist genauso krankhaft, wie von Gefühlen kontrolliert zu werden."[3] Manche Leute haben auch Angst davor, im Zentrum der Aufmerksamkeit zu stehen, und fürchten sich deshalb, ihre Gefühle zu zeigen. Ist es immer falsch, wenn die Aufmerksamkeit auf eine bestimmte Person gerichtet wird? Das hängt von der Situation ab. Ich kann nicht vermeiden, dass mir jemand, der vom Geist Gottes überwältigt wird, auffällt. Häufig gebraucht Gott eine Person so, dass sie eine Botschaft nicht mit ihrem Mund weitergibt, sondern selbst zur Botschaft wird.

---

[2] Jonathan Edwards, *A Treatise Concerning Religious Affection* (Cosimo Classics, June 1, 2007, http://www.cosimobooks.com/b1157_A-Treatise-Concerning-Religious-Affections-1602065454-9781602065451.htm). Direkt aus dem Engl. Anmerk. d. Übers.
[3] John White, *When the Spirit Comes with Power* (InterVarsity Press, Juni 1988). Direkt aus dem Engl. Anmerk. d. Übers.

In Hesekiel 4,4 befiehlt Gott Hesekiel, dass er 430 Tage lang auf einer Seite liegen soll (symbolisch für den 430 Jahre langen Ungehorsam Israels), und dann später, dass er Kopf und Bart rasieren soll, um damit auf die Zukunft der Stadt hinzudeuten. Er wurde bestimmt zum Zentrum der Aufmerksamkeit. Der Zweck jedoch war, die Aufmerksamkeit dem zu schenken, was Gott durch ihn mitteilen wollte. Hesekiel selbst wurde zur Botschaft. Die Prostituierte, die Jesus mit ihren Tränen die Füße wusch, wurde auch selbst zur Botschaft (vgl. Lk 7,37-38). Wie früher erwähnt, wurde auch Saul, als er in die Nähe der Propheten kam und nackt prophezeite, zur Botschaft. Er wurde sich selbst zur Botschaft der Demütigung, die von Gott herbeigeführt wurde.

## „Manche verhalten sich fleischlich"

Manchmal haben Leute den Eindruck, dass Gott in einer Zeit der großen Ausgießung nur vollkommene Menschen braucht, die immer im Geist sind. Einmal hörte ich, dass ein Bibelschüler einen anderen beschuldigte, während einer gemeinsamen Lobpreiszeit „im Fleisch zu tanzen" und nicht im Geist. Dieser antwortete: „Natürlich bin ich im Fleisch, genauso wie du. Wenn wir beide nicht im Fleisch wären, wären wir jetzt schon tot!" Darin liegt eine gewisse Wahrheit. Bis wir im Himmel sind, werden wir immer wieder erleben, wie Leute auf die eine oder andere Weise im Fleisch handeln, gleichgültig wie gesalbt sie sind. Sogar Paulus und Barnabas hatten eine hitzige Diskussion darüber, ob sie Johannes Markus auf ihre zweite Missionsreise mitnehmen sollten oder nicht (vgl. Apg 15,37-39). Das Königreich Gottes verbreitete sich trotz mancher Spaltung und Fleischlichkeit weiter.

Man darf nicht auf einem Fall von Fleischlichkeit oder menschlichem Fehler herumreiten und dann daraus schließen, dass die ganze Bewegung falsch sein muss. Einer der größten Erweckungsprediger bat Gott einmal um eine vollkommene Erweckung. Dann sagte er: Wenn er sich auch mit einer unvollkommenen Erweckung zufriedengeben müsste, würde er sie dennoch annehmen, gleichgültig wie sie käme.

*Und ich, Johannes, bin der, welcher diese Dinge hörte und sah;*
*und als ich sie hörte und sah, fiel ich nieder, um anzubeten vor*
*den Füßen des Engels, der mir diese Dinge zeigte. Und er*
*spricht zu mir: Siehe zu, tu es nicht! Ich bin dein Mitknecht und*
*der deiner Brüder, der Propheten, und derer, welche die Worte*
*dieses Buches bewahren. Bete Gott an!* (Offb 22,8-9).

Johannes wurde versucht, den Engel anzubeten – was Fleischlichkeit und Sünde gewesen wäre. Wie konnte Johannes nach so einer
Begegnung derartig im Fleisch reagieren? Dieser Abschnitt warnt
uns deutlich vor der Fleischlichkeit des Götzendienstes. Bestimmte
Wahrheiten bzw. Botschafter der Guten Nachricht zu vergöttern,
statt Jesus selbst, hat immer schon zu Problemen geführt. Wie die
Schrift hier andeutet, wird es auch in den letzten Tagen ein großes Problem sein. Dennoch hat dieser Fehler die Offenbarung,
welche Johannes empfangen hatte, nicht geschmälert bzw. abge-
wertet.

Johannes wurde vor diesem Fehler bewahrt, weil er sich von
dem Engel zurechtweisen ließ. Auch John Wesley hatte mit anderen Männern Gottes bittere Auseinandersetzungen über Lehrmei-
nungen, genauso wie Martin Luther. Die Tatsache, dass Männer
und Frauen Gottes zuweilen die Tendenz haben, ins Fleischliche
zurückzufallen, bedeutet nicht unbedingt, dass die Echtheit ihres
Dienstes bzw. die ganze Bewegung Gottes damit zunichte wird.

Petrus handelte wahrscheinlich mehr aus dem Fleisch heraus als
alle anderen Apostel. Er versuchte sogar, Jesus davon abzuhalten,
ans Kreuz zu gehen, was die einzige Hoffnung der Menschheit auf
Rettung war. Weiter ging es damit, dass Petrus nur Stunden später, als die Wachen kamen, um Jesus zu holen, dem Knecht das
Ohr abschlug. Danach verleugnete er, Jesus jemals gekannt zu
haben, nachdem er ihm gerade geschworen hatte, ihn niemals zu
verleugnen. Und als ob dies nicht genug gewesen wäre, fiel er in
das Gesetz der Juden zurück, als er nicht mit den Heiden essen
wollte. Dies geschah, nachdem er bereits eine Vision empfangen
hatte, die andeutete, dass er bestimmte Nahrungsmittel bzw. die
Gemeinschaft mit Heiden nicht als unheilig ansehen sollte. Zu
anderen Zeiten, wenn die religiösen Juden nicht da waren, aß

Petrus wieder mit den Heiden. Diese Heuchelei erregte den Zorn des Paulus (vgl. Mt 16,22; 26,33-35; 51,69-75; Apg 10; Gal 2,11-14).

All diese Fleischlichkeit und Sünde deckte das Blut Jesu durch Buße zu. Gott ist immer bereit zu vergeben, wenn wir Buße tun. Die Voraussetzung ist unsere Bereitschaft zur Buße. Ein belehrbares und bußbereites Herz wird Sie immer vor dem Verhängnis des Fleisches bewahren. Wenn der Herr jemanden zurechtweist und derjenige wirklich Buße tut, ist der Fall damit erledigt. Satan ist der Übeltäter, der unser Fleisch versucht, welches sich ständig im Kampf mit unserem Geist befindet. Er möchte das, was Gott tut, abwerten, indem er unsere Tendenz zum Rückfall ins fleischliche Handeln aufdeckt. Preis sei Jesus für das Blut, das er vergossen hat, um uns zu befreien, damit wir überwinden können und auch vor unserer fleischlichen Natur bewahrt werden.

## Motive

Ich möchte dieses Kapitel damit beenden, nochmals zu betonen, dass es nicht falsch ist, in Bezug auf die Geschehnisse in dieser Erneuerungsbewegung Fragen zu haben. Wir müssen jedoch hinsichtlich der Motive, die hinter diesen Fragen stehen, ehrlich sein. Falls Ihre Fragen darauf abzielen, mehr über den Heiligen Geist und seine Wirkungsweise herauszufinden, dann ist das gut. Ein „gewissenhafter Beröer" zu sein, ist ein guter Charakterzug (vgl. Apg. 17,10-11). Ich möchte Sie dazu ermutigen, sorgfältig und betend nach der Wahrheit zu suchen, bis Sie sie finden und Frieden bekommen. Wenn Sie die Wahrheit jedoch einmal gefunden haben, dann bleiben Sie da nicht stehen, sondern empfangen Sie sie!

Wenn Sie der Meinung sind, dass das, was geschieht, gegen Ihre Mentalität geht, dann lassen Sie sich von Ihrer Mentalität nicht daran hindern, während dieser Zeit der göttlichen Visitationen etwas vom Heiligen Geist zu empfangen. Vielleicht haben Sie Angst. Suchen Sie Gott und finden Sie heraus, warum Sie Angst haben. Seine Schafe hören seine Stimme. Wenn Sie einmal davon überzeugt sind, dass diese Bewegung von Gott ist, laufen Sie vor ihm und seiner Gegenwart nicht weg. Er ist ein liebender Vater und möchte nur das Beste für seine Kinder. Er liebt Sie!

Wenn Sie vorsätzlich versuchen, andere daran zu hindern, mehr von dieser Bewegung – und damit mehr von Gott – zu empfangen, da Sie sich nicht sicher sind, ob sie von Gott ist, dann könnten Sie sich auf ein sehr gefährliches Terrain begeben. In diesem Fall rate ich Ihnen, den Rat Gamaliels zu beherzigen.

*Und nun sage ich euch: Lasst ab von diesen Menschen und lasst sie gehen! Ist dies Vorhaben oder dies Werk von Menschen, so wird's untergehen; ist es aber von Gott, so könnt ihr sie nicht vernichten – damit ihr nicht dasteht als solche, die gegen Gott streiten wollen* (Apg 5,38-39).

Machen Sie nicht den Fehler, diese Bewegung zu richten, bevor Sie sie ganz gesehen und erlebt haben und auch gesehen haben, welche Frucht sie im Leben der Menschen hervorbringt. Durchforschen Sie Ihr Herz und wandeln Sie in der Weisheit des Herrn. Ein großer Segen und eine große Salbung liegen für Sie bereit, wenn Sie es zulassen, dass der neue Wein Sie von innen heraus verändert.

# KAPITEL 8

# Die Salbungen des neuen Weins

*Er sagte zu ihm: „Jeder bringt doch zunächst den guten Wein auf den Tisch und setzt erst dann den weniger guten vor, wenn die Gäste schon betrunken sind. Aber du hast den guten Wein bis jetzt aufgehoben"* (Joh 2,10 NeÜ).

Die Gäste, die am meisten vom neuen Wein profitieren, sind diejenigen, die bis zum Schluss dableiben. Das Beste kommt erst noch. Dies trifft besonders auf jene zu, die bis zum Schluss verweilen und den neuen Wein auch trinken, anstatt ihn nur zu kosten und dann zu gehen.

Diese Ausgießung des Heiligen Geistes ist nicht nur eine Sache des unkontrollierbaren Lachens und der überfließenden Freude. Es ist lediglich der Beginn einer noch größeren Heimsuchung Gottes. Ja, Gott heilt und stellt Menschen wieder her. Aber eines ist sicher: Damit hört es nicht auf. Die nächste Phase wird noch intensiver werden. Sobald wir erneuert sind, möchte uns Gott mit neuen Salbungen bevollmächtigen – Salbungen, die weitaus stärker sind, als in allen vorherigen Bewegungen. Diejenigen, die diese neuen Salbungen erleben, sehen in ihrem Leben und ihren Diensten dramatische Veränderungen. Und diejenigen, die derartig bevollmächtig werden, hören auch nicht auf zu rufen: „Mehr, Herr!"

Wenn Sie wissen, dass schon eine Salbung auf ihrem Leben liegt, will ich Sie herauffordern, in diesem Prozess der Erneuerung noch weiterzugehen und sich entleeren bzw. neu füllen zu lassen. Eine noch größere Salbung, als Sie in Ihrem Leben je gekannt haben, wartet auf Sie! Diese Salbung ist „frisch". Gott wechselt das Öl in unseren Lampen und füllt sie mit frischem Öl auf. Dies gehört zur weltweiten Erneuerung des Leibes Christi. Wenn dieser Prozess seinen Höhepunkt erreicht, wird er in die größte weltweite Erweckung übergehen, die die Kirche/Gemeinde jemals erlebt hat! Deshalb verteilt Gott unglaubliche Salbungen für Erweckung unter seinem Volk.

Ab Januar 1994 erfuhren viele unterschiedliche Gemeinden in verschiedenen Ländern eine unglaubliche Ausgießung des Heiligen Geistes. Sie wurde viel weiter verbreitet als die *Azusa-Street-Erweckung*[1] und hat bis jetzt nicht aufgehört. Bis heute sind dadurch Tausende neuer Dienste entstanden, durch die Millionen Menschen auf der ganzen Welt erreicht wurden. Daraus haben sich nicht nur zahlreiche andere Bewegungen Gottes ergeben, sondern auch eine große Ernte an Menschen, die auf der ganzen Welt gerettet wurden. So viele Leute veranstalten nun Evangelisationen, gehen auf die Straße, gründen neue Gemeinden und viele fangen auch an, Wirtschaftszweige und andere „Berge" wie Hollywood, die Medien- und Geschäftswelt, falsche Religionen, Politik und so viele andere Bereiche zu infiltrieren. Jede Welle von Erneuerung, die zu einer Erweckung des Volkes Gottes führt, bewirkt auch eine Ernte von Menschen, die gerettet werden. Erweckung beginnt in Ihrem Herzen, in diesem Moment, und ist nicht unbedingt ein Ereignis bzw. ein Ort, sondern ein Seinszustand.

Was könnte dies bedeuten? Warum fand zur gleichen Zeit und auf internationaler Ebene eine ähnliche Heimsuchung des Heiligen Geistes statt? Könnte es sein, dass Gott nicht länger daran

---

[1] Als *Azusa Street Revival* (engl. für Azusa-Street-Erweckung) bezeichnet man die pfingstlerische Erweckungsbewegung ausgehend von der Azusa Street Mission, die ihren Ursprung in der Azusa Street 312 in Los Angeles hatte und als eines der wichtigsten historischen Ereignisse der aufstrebenden Pfingstbewegung gilt (Quelle: wikipedia). Anmerk. d. Übers.

interessiert ist, nur eine Nation oder eine Gemeinde zu gebrauchen, um Erweckung zu verbreiten? Könnte es sein, dass er die Bühne für die größte Erweckung der Menschheitsgeschichte vor der Wiederkunft Jesus Christi vorbereitet, wie es in der Bibel vorausgesagt wurde? Urteilen Sie selbst!

## *Bis zum Rand gefüllt*

Einige Monate, nachdem wir in Jerusalem von dieser neuen Salbung und Erneuerung berührt worden waren, sollten wir in Fort Myers in Florida, dienen. Ich bat Gott darum, eine noch größere Salbung auf uns auszugießen, als wir je erlebt hatten. Natürlich hatten wir schon eine unglaubliche persönliche Erweckung erfahren und bemerkt, dass die Salbung weiter zunahm, wenn wir anderen Menschen dienten. Dennoch spürte ich, dass eine noch größere Welle der Kraft Gottes auf uns wartete. Doch konnte ich diesmal nicht einfach zu einem der Brennpunkte der Erneuerung fliegen, um diese Kraft zu bekommen. Dafür blieb keine Zeit. In wenigen Tagen schon ging unser Flug nach Europa. Ich vertraute darauf, dass Gott mir da begegnen würde, wo ich gerade war und er mich erneut berühren würde.

Am nächsten Tag waren meine Frau und ich in einem Einkaufszentrum, wo wir eine gläubige Frau trafen. Als wir sie fragten, ob sie Erneuerung erfahren hätte, bejahte sie dies nicht nur, sondern hatte uns auch von einer Erneuerungsveranstaltung in Kanada wiedererkannt. Anscheinend hatten wir dort dieselben Treffen besucht. Sie lud uns für den Abend in ihre Gemeinde ein, damit wir in ihrem Gebetstreffen etwas weitergäben. Als wir ankamen, betete eine kleine Gruppe von Menschen gerade an verschiedenen Stellen im Gebäude. Wir spürten gleich dieselbe Erweckungssalbung, wie wir sie erlebt hatten und teilten unsere Erfahrungen mit der Gruppe. Dann baten wir den Pastor, über uns zu beten, damit wir eine neue Welle der Erneuerung und Kraft bekämen.

Bis zu diesem Zeitpunkt hatte ich an mir selbst noch keine ungewöhnlichen Manifestationen erlebt. Wenn ich für andere Menschen gebetet hatte, erlebten diese oft eine Erneuerung, was sich auch in gewissen Manifestationen ausdrückte, die durch die Kraft Gottes bewirkt wurden.

An diesem Abend war ich an der Reihe, nicht nur eine Manifestation, sondern auch eine größere Salbung zu empfangen. Ich war nie ein Mensch, der zu Gefühlsausbrüchen neigte, doch war ich bereit, mich Gott ganz auszuliefern, was immer auch dabei herauskam.

Als sie anfingen zu beten, schoss ein unglaublicher Kraftstoß durch mein ganzes Wesen! Ich fiel auf den Boden und wurde heftig geschüttelt. Es war wirklich so, als ob ich in einen sehr starken Strom geraten wäre. Dies hielt wohl über eine Stunde lang an. Ich bin mir sicher, dass es ein Schauspiel wert war. Ich fühlte mich dem Heiligen Geist total und bedingungslos ausgeliefert. Erst später habe ich so recht verstanden, was da vorging. Ich wusste nur Eines: Ich empfing gerade eine Salbung, die stärker war als alles andere, was ich je gekannt hatte. Ich konnte es zwar kaum aushalten, dennoch es tat so gut. Ich flehte Gott sogar um noch mehr an, da ich nicht wollte, dass diese Gelegenheit an mir vorüberginge, bis ich nicht alles bekommen hatte, was Gott an diesem Abend für mich bereithielt. Ich wollte wirklich nichts davon verpassen.

Ich wollte so viel bekommen, wie Gott mir geben würde, um mit dieser Salbung so viele Menschen wie möglich zu erreichen. Auch meine Frau empfing eine neue und größere Salbung. Während sie noch stand, wurde ihr Körper ganz heiß – so heiß, dass sie es fast nicht mehr aushalten konnte. Der Pastor lachte und sagte ihr, sie solle mir etwas von diesem Feuer geben. Während ich immer noch zitternd am Boden lag, legte sie ihre brennenden Hände auf mich. Ich dachte bei mir selbst: *Wie viel mehr davon kann ich noch aushalten?* In diesem Moment erfasste mich das Feuer Gottes ganz und gar. Während dieser Zeit bekam ich eine noch größere Last für die Verlorenen, die ohne eine Beziehung zu Jesus Christus auf dem Weg in die Hölle sind. Ich schluchzte hemmungslos für ihre Errettung.

An diesem bemerkenswerten Tag erhielten wir neue Kraft für einen noch wirksameren Dienst. Ich fand heraus, dass ich als Evangelist nun mehr Salbung hatte und es leichter war, darin zu leben. Ich spürte mehr Kühnheit und eine schärfere Gabe der Unterscheidung als je zuvor. Auch andere Gaben des Geistes wurden verstärkt. Ich begann, mit größerer Freiheit und mehr Genauigkeit zu prophezeien. Wir erlebten, dass viel mehr Heilungen stattfanden. Sie wurden entweder durch ein Wort der Erkenntnis ausgelöst oder wenn unsere Hände wieder heiß wurden und zu brennen anfingen. Der Befreiungsdienst an Menschen, die stark gebunden waren, benötigte viel weniger Zeit als vorher, da die neue Salbung scheinbar auch eine größere Autorität und Unterscheidung von dämonischer Aktivität mit sich gebracht hatte.

Uns wurde bewusst, dass die Salbung zugenommen hatte und wir mit mehr Kraft und Zuversicht in bestimmten Gaben dienten als zuvor. Beispielsweise begann meine Frau Stephanie mit einer stärkeren und präziseren Gabe der Prophetie zu prophezeien. Sie hatte auch häufiger prophetische Träume. Vorher hätte ich nie öffentlich über einer Person prophezeit, sondern dies den Propheten überlassen. Der Geist der Prophetie kam auf mich und der Heilige Geist bat mich, dies häufiger zu tun. Das Wichtigste von allem aber war, dass unsere Beziehung zu Jesus immer vertrauter wurde und wir häufig mit neuer Freude erfüllt wurden. Ich möchte nicht damit prahlen, wenn ich das sage. Es sind einfach wertvolle Erfahrungen, die ich mit Ihnen teilen möchte, damit Sie selbst einen Hunger nach mehr von Gott und seiner Salbung bekommen.

Zwei Tage nach diesem Erlebnis in Florida sollten wir an einem Sonntag in drei Gottesdiensten predigen. Jeder der Gottesdienste explodierte förmlich vor lauter Kraft und es geschahen auch viele äußerliche Zeichen wie Lachen, Schreien, Umfallen, Weinen, körperliche Heilungen und Wunder. Bis zum Abendgottesdienst waren die Salbung und auch der Glaube der Leute mächtig/stark gewachsen. Sie luden ihre von Gott abgefallenen Freunde ein und viele von ihnen bekamen wieder eine persönliche Beziehung zu Jesus Christus. Es war schön zu sehen, wie Familien wiedervereint in Tränen ausbrachen, (obwohl es in der Gemeinde durch alles, was Gott wirkte, etwas laut wurde). Es waren sehr gesegnete Treffen.

Am nächsten Tag flogen wir nach Frankreich. Als wir dort ankamen, nahmen wir an einem Pastorentreffen mit ungefähr fünfzehn

Pastoren teil. Man bat uns, über die Erneuerung zu sprechen. Sie wollten wissen, was es mit all der Aufregung über die jüngste Bewegung des Geistes in Nordamerika und Teilen Europas auf sich hatte. Wir gaben diesen Pastoren über unsere Erfahrungen Zeugnis und sagten ihnen, dass die frische Ausgießung des Heiligen Geistes nicht nur für eine spezielle Gemeinde bzw. Stadt wäre, sondern für jeden, der hungrig genug war, sie zu empfangen. Ein Pastor, der gerade von England zurückgekommen war, gab Zeugnis, dass dieselbe Erneuerung auch England überschwemmte. Ein dritter Pastor erzählte danach, dass dieselbe Erneuerung im Januar 1994 in einer kleinen Gemeinde in einer Stadt im Süden Frankreichs begonnen hatte, nachdem sie zehn Tage lang gefastet und gebetet hatten. Sie hatten jedoch keine Ahnung, dass es auch irgendwo anders passierte!

Da platzten diese Pastoren heraus und sagten: „Wir sind eifersüchtig. Nun gebt uns doch, was ihr empfangen habt!" Wir beteten für sie und viele von ihnen fielen auf den harten Boden und weinten. Andere lachten hysterisch, nachdem sie mit neuer Freude erfüllt worden waren. Diese europäischen Pastoren und Missionare erlebten, dass ihre Gemeinden von dieser Welle der Erneuerung und Freude berührt wurden, und dies in Ländern, die seit Jahren geistlich trocken waren. Seit dieser Zeit erfahren wir, dass auch viele andere Gemeinden, christliche Leiter und Pastoren in Europa und in den Vereinigten Staaten mit einer neuen Salbung und Freude für die größte aller kommenden Erweckungen erneuert, erfüllt und bevollmächtigt werden. Schauen wir uns diese neuen Salbungen nun einmal näher an!

## Wer kann gesalbt werden?

*Und danach wird es geschehen, dass ich meinen Geist ausgießen werde über alles Fleisch. Und eure Söhne und eure Töchter werden weissagen, eure Greise werden Träume haben, eure jungen Männer werden Visionen sehen. Und selbst über die Knechte und über die Mägde werde ich in jenen Tagen meinen Geist ausgießen* (Joel 3,1-2).

Wie in diesen Versen klar zum Ausdruck kommt, kann Gott seinen Geist auf jeden, der ihn empfangen will, ausgießen: auf Junge und Alte, Reiche und Arme, auf Mann und Frau. Ich habe gesehen, dass kleine Kinder für Kranke gebetet und mit unglaublicher Kühnheit prophezeit und evangelisiert haben und dabei sogar Erwachsene zum Glauben geführt haben. Wir wurden durch ältere und pensionierte Gläubige, die oftmals in mächtigem Fürbittgebet hinter uns standen, schon sehr gesegnet. Die Salbung zum Dienst ist für jeden Gläubigen da. Sie ist nicht nur für diejenigen reserviert, die als Diener Gottes anerkannt sind. Die Salbung geht über den fünffältigen Dienst des Apostels, Propheten, Evangelisten, Pastors und Lehrers hinaus.

Ein junger Mann, der auf dem Weg in eine Bar war, um sich dort mit seinem Freund zu betrinken, kam zu einem der Treffen. Er kam nur aus Spaß in den Gottesdienst, da er dachte, er könne sich dort amüsieren. Unter einem Vorwand bat er die Leute, für ihn zu beten. Als sie dies taten, kam der Heilige Geist auf diesen nicht geretteten jungen Mann und warf ihn zu Boden. Er wurde vor Angst ganz blass! In dem Moment erkannte er, dass dies kein Witz war. Er war mit dem lebendigen Gott in Kontakt gekommen, der sich nicht spotten ließ – und der es mit seiner Seele ernst meinte. Die Person, die für ihn betete, fragte ihn, ob er sein Leben Jesus geben wolle. Er antwortete fast flehend: „Bitte, sag mir, wie ich gerettet werden kann!" Er hatte es an diesem Abend sehr eilig, Frieden mit Gott zu schließen.

Am nächsten Abend kam der junge Mann mit einigen seiner ungläubigen Freunde wieder und auch sie wurden gerettet. Der frischbekehrte junge Mann betete mit derselben Salbung über seinen Freunden wie das Gebetsteam der Gemeinde. Manche fielen zu Boden und einige wurden auf mächtige Weise befreit. Innerhalb von 24 Stunden wurde der junge Mann, der dachte, dies alles sei ein Scherz, errettet und befreit und evangelisierte mit der gleichen Salbung wie die anderen im Team. Er durfte für seine Freunde beten, während ihn einige vom Gebetsteam beaufsichtigten, damit alles gutginge. Dies ist ein gutes Beispiel dafür, dass

Gott salben kann, wen und wann er will. Seine Wege sind höher als die unseren.

*Und selbst über die Knechte und über die Mägde werde ich in jenen Tagen meinen Geist ausgießen* (Joel 3,1-2).

Die Definition für *Knecht* in diesem Text ist „Sklave". Im Alten Testament war es einem Sklaven niemals erlaubt, im Tempel irgendeine geistliche Funktion auszuüben. Dies war den Priestern vorbehalten, die dafür geheiligt worden waren. Petrus predigte in Apg 2,16-21 über dieselbe Passage im Buch Joel und verkündete, dass diese Prophetie nun erfüllt wäre und der Geist für jeden Gläubigen da wäre, damit er im Dienste Gottes gebraucht werden konnte. Endlich war die Zeit gekommen, in der nicht nur ein Priester bzw. Pastor oder Leiter von Gott gebraucht werden konnte. Diese Salbung kann jedem Gläubigen für den Dienst gegeben werden, und zwar mit der gleichen Kraft, wie sie andere haben.

Philippus war kein Apostel, sondern jemand, der die Tische bediente – ein Kellner! Er wurde von der Salbung so voll, dass er fast platzte. Er ging, vom Heiligen Geist geleitet, nach Samaria und predigte Christus, wobei Zeichen und Wunder folgten. Viele bekehrten sich und die ganze Stadt jubelte (vgl. Apg 8). Ja, als die Gläubigen nach Pfingsten zerstreut wurden, waren es diese normalen Gläubigen, die das Evangelium überall dort verbreiteten, wohin sie vertrieben worden waren, während die Apostel in Jerusalem blieben (Apg 8,1).

Die Zerstreuten, die überall das Evangelium predigten, waren Teenager, Mütter, arbeitende Männer und ältere Leute usw. Es ist nicht nur ein Vorrecht, sondern das Kennzeichen eines echten Gläubigen, wenn er mit einer solchen Salbung die Werke Jesu tut. Wenn Gläubige nicht einige dieser Dinge auf irgendeine Weise zu irgendeiner Zeit tun, gibt es irgendwo ein Problem.

*Diese Zeichen aber werden denen folgen, die glauben: In meinem Namen werden sie Dämonen austreiben; sie werden in neuen Sprachen reden; werden Schlangen aufheben, und wenn sie etwas Tödliches trinken, wird es ihnen nicht schaden;*

*Schwachen werden sie die Hände auflegen, und sie werden sich wohl befinden* (Mk 16,17-18).

Wenn Sie gläubig sind, sind Sie dafür qualifiziert! In dieser Passage steht nicht, dass nur Pastoren und Evangelisten diese Dinge tun werden. Es steht deutlich da, dass jeder Gläubige dazu befähigt ist und sie tun wird. Glauben Sie an Jesus Christus? Dann können Sie sich freuen, denn Sie werden in Gottes Königreich nie arbeitslos werden. Gott gießt seinen Geist auf eine solche Weise aus, weil er jeden von uns gebrauchen will. Er kann die anstehende Aufgabe nicht allein mit denen erledigen, die schon im „Dienst" stehen.

Gott bereitet einen Generalangriff gegen das Königreich der Finsternis vor, um Millionen von Menschen aus der Zerstörung heraus und in sein Königreich hinein zu retten! Er sehnt sich danach, Sie für einen größeren Dienst zu salben, ungeachtet Ihrer gegenwärtigen Umstände bzw. Ihrer Stellung im Leben. Jesus selbst sagte, dass Sie größere Werke tun werden als er (vgl. Joh 14,12)! Seien Sie nicht überrascht über die frische Salbung, die zu diesem Zweck auf die Gemeinde kommt. Die Salbung ist extrastark, weil er möchte, dass die Arbeit richtig getan wird und weniger Zeit in Anspruch nimmt, da die Tage kurz sind und wir uns dem Ende eines Zeitalters nähern. Seien Sie bereit zu sagen: „Hier bin ich, Herr, gebrauche mich!"

## Prophetische Salbungen

Im Alten Testament wird nirgends berichtet, dass ein Knecht oder eine Magd (oder ein Sklave) jemals im prophetischen Dienst gedient hätte. Gott änderte dies zu Pfingsten, damit Gläubige aus allen Gesellschaftsschichten gebraucht werden konnten, um zu prophezeien, wenn der Geist über sie kam. Immer, wenn der Heilige Geist in der Kirchengeschichte auf eine neue Art und Weise wirkte, wurde dies von Prophetie begleitet. Auch in dieser Erneuerung gibt es eine signifikante Zunahme an prophetischer Salbung. Sie kommt auf jeden, den Gott erwählt und der hört, was der Geist sagt.

Nicht immer ist eine Person, die einen Prophetendienst ausübt, anwesend, wenn Gott sprechen möchte. Immer mehr Menschen gehorchen dem Ruf Gottes auf ihrem Leben, um Propheten zu werden. Gott ist jedoch nicht eingeschränkt, wenn niemand da ist bzw. wenn jemand seine Salbung nicht erkannt hat. Gott kann jeden, den er will, für einen bestimmten Moment benutzen. Selbst wenn ein Prophet da ist, sind andere dadurch nicht disqualifiziert, prophetisch zu dienen.

Wir sollten zu allen unseren Treffen mit der Erwartung kommen, dass Gott zu seinem Volk sprechen will. Wir müssen für den Heiligen Geist sensibel werden und auch dafür, dass er uns in diesem Gebiet des Prophetischen gebrauchen möchte. Der Geist der Prophetie kann auch ansteckend sein. Schauen wir uns an, was Saul im Buch Samuel passierte:

*Als sie dorthin an den Hügel kamen, siehe, da kam ihm eine Schar von Propheten entgegen. Und der Geist Gottes kam über ihn, dass er in ihrer Mitte weissagte. Und es geschah, als alle, die ihn von früher her kannten, sahen, und siehe, er weissagte mit den Propheten, da sagten die Leute zueinander: Was ist denn mit dem Sohn des Kisch geschehen? Ist Saul auch unter den Propheten?* (1 Sam 10,10-11).

Saul kam den Propheten einfach ein wenig zu nahe. Der Geist der Prophetie, der auf den Propheten war, überwältigte ihn. Auch Sie können leichter in dieser Gabe dienen, wenn es andere Menschen in Ihrer Nähe gibt, die stark darin wirken. Sprechen Sie in diesen Momenten einfach das aus, was Gott Ihnen gibt. Wenn Sie damit weitermachen, wird er Ihnen noch mehr geben. Wie jede andere Gabe wird auch Prophetie im Glauben ausgeübt. Lassen Sie es mich nochmals betonen: Nur weil Gott Sie braucht, um zu prophezeien, bedeutet dies nicht, dass Sie ein Prophet sind! Sie dienen in diesem Moment einfach in der Gabe der Prophetie.

Die Gabe der Prophetie geht Hand in Hand mit Lobpreis und Musik. In 1. Samuel 10,5 werden einige Instrumente aufgeführt, welche die Propheten begleiten sollten: Saiteninstrumente, Tamburine, Flöten und Harfen, welche generell als Symbole für Instrumente stehen. Wenn der Heilige Geist mich bittet zu prophezeien, schaue ich mich oft nach einem Gitarren- oder Klavierspieler um, der mich begleiten kann, und bete dann selbst an, um eine Atmosphäre für das Prophetische zu schaffen. Auf diese Weise fließt die Gabe viel besser. Manchmal können auch nur die Instrumente gespielt werden als ein prophetischer Ausdruck für den Herrn. Man kann das mit einer Botschaft in Zungen vergleichen, während ein anderer auslegt. Es geht darum, dass wir in einen Fluss mit dem Heiligen Geist kommen und seiner Stimme gehorsam sind.

Meine Frau fängt manchmal zu zittern an, wenn Gott ihr eine prophetische Botschaft gibt. Wie diese Botschaft mitgeteilt wird, kann von Person zu Person verschieden sein. Vielleicht bittet Sie Gott sogar, etwas zu tun, das gegen Ihre natürliche Handlungsweise geht. Gehorchen Sie einfach und überlassen Sie ihm die Ergebnisse. Der Geist der Prophetie kann auf verschiedene Art und Weise freigesetzt werden, wie es auch in der Apostelgeschichte der Fall war:

> *Als wir nun mehrere Tage blieben, kam ein Prophet mit Namen Agabus von Judäa herab. Und er kam zu uns und nahm den Gürtel des Paulus und band sich die Füße und die Hände und sprach: Dies sagt der Heilige Geist: Den Mann, dem dieser Gürtel gehört, werden die Juden in Jerusalem so binden und in die Hände der Nationen überliefern* (Apg 21,10-11).

Der Heilige Geist könnte Sie auch dazu bringen, die Botschaft, die er Ihnen gibt, illustrativ darzustellen, indem Sie Gegenstände gebrauchen, die gerade da sind. Wenn die Person, welche die Prophetie empfängt, etwas Konkretes sieht, das der Prophetie entspricht, wird sein bzw. ihr Glaube dadurch gestärkt. Versuchen Sie nie, den Geist der Prophetie einzuschränken. Lassen Sie ihn einfach durch Sie fließen und der Heilige Geist wird Sie führen, wenn Sie etwas tun sollen.

Wenn Sie Mitglied einer Gemeinde sind, die mit dem Prophetischen nicht vertraut ist, sollten Sie zuerst zu Ihrem Pastor bzw. dem Gottesdienstleiter gehen, wenn Sie eine Prophetie weitergeben möchten. Sagen Sie ihm (bzw. ihr), dass Sie ein Wort haben und was es ist, soweit Sie es wissen. Da er als Hirte dazu berufen ist, die Herde zuzurüsten, ist der Pastor bzw. Leiter hauptsächlich dafür verantwortlich, was in einem Gottesdienst geschieht. Wir müssen uns mit unseren Gaben einander unterordnen. Wenn der Pastor bzw. Leiter Ihnen sagt, dass Sie nicht prophezeien bzw. das Wort für ein anderes Treffen aufsparen sollen, wo das Wort passender wäre, folgen Sie ihm einfach. Auf diese Weise haben Sie Ihre Aufgabe erfüllt. Der Pastor ist nun Gott gegenüber verantwortlich, dass das prophetische Wort ausgesprochen wird, wenn er es für richtig hält.

Mit der Zeit werden die Leute diejenigen erkennen, welche eine echte prophetischen Gabe haben und welche nicht. Wenn Ihre prophetischen Äußerungen durchweg richtig sind, wird die Gemeindeleitung anfangen, Ihnen zu vertrauen. Sie werden das aussprechen können, was Gott Ihnen gibt, und vielleicht damit beauftragt werden, öfter zu prophezeien. Wenn Ihre Prophetien die meiste Zeit danebenliegen, dann sollten Sie mit Gott über Ihr Problem sprechen. Um dies überprüfen zu können, ist es sinnvoll, wenn der Gottesdienstleiter die Person, die gerade eine Prophetie bekommen hat, fragt, ob die Prophetie zutreffend war. Dadurch können Menschen, die gerade anfangen zu prophezeien, etwas lernen.

Diese Richtlinien helfen, Unordnung in der Gemeinde zu vermeiden, und schaffen Raum für Menschen, von Gott zu lernen und diese Gabe zu entwickeln. Diejenigen, deren Prophetien völlig danebenliegen, sollten nicht automatisch als falsche Propheten bezeichnet werden. Es könnte einfach sein, dass sie ein bisschen sensibler für den Heiligen Geist werden sollten. Wenn alle diese Ermutigungen und Korrekturen in einem Geist der Liebe geschehen, wird es die Gemeinde ermutigen, ohne Angst vor Versagen in den Gaben zu dienen. Wir müssen Raum schaffen zum Lernen, auch wenn dabei ein paar Fehler geschehen.

Wie schon erwähnt, kann der Geist der Prophetie auch ansteckend sein, weshalb es eine gewisse Ordnung geben muss. Wenn zwanzig Leute plötzlich anfangen zu prophezeien, ohne dass es koordiniert und überprüft wird, kann es den ganzen Gottesdienst beanspruchen. Vergessen Sie nicht, dass der Geist der Prophetie den Propheten untertan ist (vgl. 1 Kor 14,32). Wenn Sie gebeten werden, Ihre Prophetie bis zum Mittwochabendgottesdienst aufzuheben, machen Sie sich keine Sorgen. Ihre Prophetie wird sich nicht in Luft auflösen. Gott ist mehr als fähig, Ihnen das Wort in einem anderen Treffen erneut zu geben. Es ist eine Sache, eine Botschaft zu empfangen, aber eine andere, zu wissen, wann man sie mitteilen soll. Nicht immer wissen wir über alles Bescheid, und deshalb sollten wir uns einander unterordnen, ohne gekränkt zu sein.

> *Strebt nach der Liebe; eifert aber nach den geistlichen Gaben, besonders aber, dass ihr weissagt! ... Wer aber weissagt, redet zu den Menschen zur Erbauung und Ermahnung und Tröstung. Wer in einer Sprache redet, erbaut sich selbst; wer aber weissagt, erbaut die Gemeinde* (1 Kor 1,3-4).

Visionen und Träume sind eine andere Art und Weise, durch die Gott uns Prophetie mitteilt. In Apg 2,17 wird erwähnt, dass alte Männer Träume und junge Männer Visionen haben werden, wenn der Heilige Geist ausgegossen wird. Wenn ich für ein Treffen, in dem ich dienen soll, bete, sehe ich häufig im Geist, was während dieses Gottesdienstes geschehen wird. Oft wird es sich genau so verhalten, wie Gottes es mir gezeigt hat. Dies hilft mir im Hinblick auf das, was mir Gott gezeigt hat, gezielter für diesen bestimmten Gottesdienst zu beten. Meine Frau bekommt oftmals Träume über Situationen, die auf uns zukommen werden bzw. über Gefahren, die vermieden werden können, wenn wir beten. Inzwischen richten wir unsere Aufmerksamkeit viel mehr auf Träume, da sie für uns in diesen kritischen Zeiten zu einer Quelle des Schutzes und der Führung in unserem Dienst geworden sind.

Werfen Sie Ihre Träume oder Visionen nicht weg. Schreiben Sie sie auf und beten Sie darüber. Häufig kann Gott mit unserem menschlichen Geist viel leichter kommunizieren, wenn unser Verstand, unser Wille und unsere Gefühle zur Ruhe kommen, und wir können dann leichter von Gott empfangen. Gott gießt den Geist der Prophetie in dieser Erneuerung in weit größerem Maße aus. Wenn Sie erneuert sind, voller Salbung, und wenn Sie mehr Zeit in der Gegenwart Gottes verbringen, werden Sie in der Lage sein, weit mehr prophetische Offenbarung zu empfangen, als wenn Sie nicht in ihm ruhen.

Wenn Sie meinen, ein prophetisches Wort, einen Traum oder eine Vision für jemanden zu haben, dann spricht nichts dagegen, es der Person zu sagen. Ihr Gehorsam kann manchmal jemanden sogar vor einer Tragödie bewahren bzw. unter Umständen den Unterschied zwischen Leben und Tod bedeuten. Es ist weit besser, etwas im Glauben zu wagen und dabei womöglich einen Fehler zu machen, als etwas zurückzuhalten und damit in Kauf zu nehmen, dass jemand an dem, was Gott für ihn hat, vorbeigeht.

Wenn ich unter der Führung Gottes im Prophetischen diene, kann es sein, dass der Herr die Gabe der Worte der Erkenntnis mit derjenigen der Prophetie kombiniert. Ich hatte zum Beispiel ein Wort der Erkenntnis über die Vergangenheit eines Mannes, das mit einem prophetischen Wort verbunden war. Also sprach ich darüber, was Gott in der Zukunft in seinem Leben tun würde, wenn er es zuließe, dass der Herr ihn wiederherstellt. Später erzählte mir der Mann, dass das Wort, welches ich ausgesprochen hatte, eine Bestätigung war. Gott hatte ihm am Tag zuvor genau das Gleiche gesagt, als er über einigen Schriftstellen meditiert hatte.

Gott möchte diese Gabe der Prophetie in einem stärkeren Maße als früher auf uns ausgießen, um sein Volk für das vorzubereiten, was in der nahen Zukunft liegt. Was wir jetzt wissen, ist nur ein Vorgeschmack dessen, was er für diese Generation vorbereitet hat. Wir machen uns lediglich die Füße nass; bald werden wir im reißenden Fluss der Erweckung schwimmen.

## Fürbitter

Gott lässt Fürbitter aufstehen, die in den Riss treten, um große Gebetssiege zu erringen und um schlussendlich eine große Ernte von verlorenen Menschen hereinzubeten. Wenn der neue Wein des Heiligen Geistes auf manche Menschen kommt, fangen sie wie nie zuvor zu weinen und zu schluchzen an. Der Heilige Geist will durch sein Volk Fürbitte tun. Nachdem Sie eine spezielle Salbung erhalten haben, ist es gut möglich, dass Sie der- oder diejenige sind, dem Gott diese spezielle Aufgabe gibt. Häufig werden Fürbitter nachts geweckt, um im Gebet für verschiedene Situationen einzustehen. Meiner Meinung nach ist Fürbitte eine der höchsten Berufungen im Leben eines Menschen. Ein Fürbitter wirkt auf ein ganz spezielle und vertraute Art und Weise an der Seite unseres Herrn Jesus. Ein Grund dafür ist, dass Jesus nach seiner Auferstehung und Vereinigung mit dem Vater in seiner jetzigen Rolle als Fürbitter im Himmel sitzt. Er bittet unablässig für seine Kinder und für die Welt.

Im Laufe dieser Erneuerung reihen sich viele weitere Fürbitter in die Liga dieser strategischen Mission ein. Wenn der Geist der Fürbitte auf eine Person kommt, wird sie bzw. er dazu befähigt, mit außerordentlichem Freimut und großer Zuversicht zu beten. Dadurch werden die Ketten der Finsternis gesprengt und große Siege errungen. Dabei können Stunden vergehen, sie erscheinen jedoch wie Minuten. Wie mit dem Prophetischen, kann und wird der Geist der Fürbitte auf *jeden* Gläubigen kommen, so wie Gott es will, selbst wenn manche zum *vollzeitlichen* Dienst in der Fürbitte berufen sind.

Wir alle müssen den Heiligen Geist bitten, durch uns zu beten und auch sensibel dafür sein, wann er es tun möchte. Allerdings sollten wir nicht immer mit einem Geist der Fürbitte rechnen, wenn wir unsere normale Gebetszeit haben. Beten fällt viel leichter, wenn der Geist der Fürbitte kommt, dennoch sollten wir nie aufhören zu beten. Wir sollten andauernd im Glauben beten, sogar wenn wir nicht spüren, dass etwas geschieht.

Einige der größten Erweckungen und Bewegungen Gottes in Gemeinden und Nationen sind nicht so sehr aufgrund der Evangelisten geschehen, sondern aufgrund der treuen Fürbitter im Hintergrund. Die meisten dieser Fürbitter bekamen auf der Erde keine Anerkennung, aber ihre Belohnung im Himmel wird groß sein. Es scheint, dass viel mehr Frauen als Männer sich in tiefer Fürbitte im vollzeitlichen Dienst engagieren. Ich glaube aber, dass Gott viel mehr Männer zu dieser Art von Dienst berufen hat, doch viele dem Ruf des Heiligen Geistes nicht gehorsam waren. Ich kann sagen, dass treue Fürbitter überall auf der Welt das Rückgrat für unseren Dienst sind.

Wenn wir irgendwo hingehen, um zu dienen, machen wir es uns zum Ziel, dass wir vor, während und nach einem Einsatz bzw. einer Veranstaltung immer durch Fürbittgebet abdeckt sind. Seit wir dies vor mehreren Jahren angefangen haben, haben wir praktisch eine 100-prozentige Zunahme an Bekehrungen, Heilungen, Wunder usw. erlebt. Bei zahlreichen Gelegenheiten wurden wir durch diese Gebetsabdeckung vor beinahe tödlichen Unfällen bewahrt.

Der Unterschied, den eine beständige bzw. fehlende Fürbitte für einen jeglichen Dienst ausmacht, ist phänomenal. Reinhard Bonnke, der deutsche Evangelist, bei dem bei einer Evangelisation in Afrika einmal über 1,6 Millionen Menschen anwesend waren, hat über 500 vollzeitliche Fürbitter. Er hat auch mehrere vollzeitliche Koordinatoren für die Fürbitte. Zudem unterstützen ihn weltweit viele Tausende von Christen und stehen während seiner Veranstaltungen im Gebet hinter ihm. In seinem Dienst wird anhaltendes Gebet Monate vor, während und nach den Evangelisationen organisiert. Sein Dienst rekrutiert Fürbitter aus den Gemeinden jener Länder, die an den Evangelisationen teilnehmen und sie finanzieren. Kein Wunder, dass sein Dienst schon erlebt hat, wie tausende Menschen Christus in einem einzigen Gottesdienst mit großen Zeichen und Wundern angenommen haben! Er persönlich schreibt den Erfolg seines Dienstes seinen treuen Fürbittern zu.

Gott gießt den Geist der Fürbitte auf sein Volk aus, weil weltweite Erweckung auf seinem Zeitplan steht. Geistliche Leiter und Fürbitter arbeiten immer mehr auf diese Art und Weise zusammen. Einer ist vielleicht das Sprachrohr der Ernte, während der andere mit den Mächten der Finsternis kämpft, um den Weg zu ebnen, damit Gottes Geist durchkommt. Beides ist äußerst wichtig. Wir müssen uns der verborgenen Kraft der Fürbitte bewusst werden. Viele Diener Gottes vergessen oft, diese zu benutzen und wundern sich danach, warum ihre gute Predigt nichts bewirkt hat.

Pastor Yonggi Cho ist Pastor einer Gemeinde mit über 830.000 Mitgliedern (Stand von 2007) in Seoul, Südkorea. Sein Dienst gibt dem Gebet die höchste Priorität; er schreibt den Erfolg seiner Gemeinde dem Gebet zu. Als er gefragt wurde, was sein Geheimnis sei, die größte Gemeinde der Welt aufzubauen, sagte er einfach: „Ich bete und gehorche."

Stellen Sie sich vor, wie viel mehr Gott durch uns tun kann, wenn er seinen Geist auf frische Weise ausgießt und seinen Kindern eine größere Salbung für Fürbitte gibt. Die größten Siege müssen wir immer noch auf unseren Knien erringen!

Als Israel gegen die Amalekiter kämpfte, bekam Moses die Autorität, den Kampf zu gewinnen, indem er einfach seine Hände hochhielt. Das Problem war, dass seine Hände müde wurden. Viele christliche Leiter haben die Autorität, den Kampf zu gewinnen, es mangelt ihnen jedoch an Fürbittern, die ihre Hände hochhalten, wenn die Kämpfe des Lebens und des Dienstes wogen. Wenn es ihnen in diesen kritischen Zeiten an Fürbittern mangelt, können sie in große Gefahr geraten.

*Und es geschah, wenn Mose seine Hand erhob, dann hatte Israel die Oberhand, wenn er aber seine Hand sinken ließ, dann hatte Amalek die Oberhand. Da jedoch Moses Hände schwer wurden, nahmen sie einen Stein und legten den unter ihn, und er setzte sich darauf. Dann stützten Aaron und Hur seine Hände, der eine auf dieser, der andere auf jener Seite. So blieben seine Hände fest, bis die Sonne unterging. Und Josua besiegte Amalek und sein Kriegsvolk mit der Schärfe des Schwertes (2 Mose 17,11-13).*

Vielleicht sind Sie ja derjenige, der die Hände für einen müden Mose (z. B. ihren Pastor) hochhebt, damit diese Kämpfe gewonnen werden können. Sind Sie bereit, die Last der Fürbitte auf sich zu nehmen, auch wenn keiner Notiz von Ihnen nimmt, außer Ihrem Retter Jesus Christus?

## Offenbarung im Wort Gottes

Der Heilige Geist ist heute dabei, bestimmte Wahrheiten aus dem Wort Gottes zu offenbaren. Wenn man sich unter dieser Salbung der Offenbarung befindet, kann man die Bibel aufschlagen und direkt vom Heiligen Geist tiefe Offenbarung empfangen. Es scheint, dass tiefgründige Wahrheiten einfach fließen, wenn diese Salbung am Wirken ist. Diese Salbung ist vor allem für diejenigen, die lehren bzw. das Wort Gottes in irgendeiner Weise mitteilen, sehr wichtig. Gott rüstet sein Volk mit seinem Wort auf eine Weise zu, die an herkömmlichen und religiösen Konzepten der Schriftauslegung vorbeigeht. Er will, dass sein Volk geschult wird, das Schwert des Geistes, welches das Wort Gottes ist, zu gebrauchen, um die Gedanken und Motive des Herzen der Menschen zu durchdringen (vgl. Eph 6,17; Hebr 4,12).

Die Gabe der Offenbarung durch das Wort Gottes ist eine erstaunliche Gabe. Sie kann eine ganze Bewegung Gottes revolutionieren und dazu beitragen, Gottes Volk vor Unwissenheit zu bewahren. Als Martin Luther die „verborgene" Wahrheit wiederentdeckte, dass Errettung durch Glauben kommt, veränderte dies den Verlauf der Kirchengeschichte. Diese spezielle Offenbarung wurde durch diese Salbung offenbar. Ein Vers, der zu einer Offenbarung wird, kann tiefgreifenden Einfluss auf viele Menschen haben. Diejenigen, die durch eine bestimmte Offenbarung erleuchtet werden, geben sie an andere weiter. Gottes heiliges Wort ist immer für uns da, damit wir es lesen und darüber meditieren, doch wenn diese Salbung kommt, macht sie das Wort lebendig, sodass es direkt in unser Herz spricht. Es gibt noch immer Wahrheiten im Wort Gottes, die uns zur Verfügung stehen, die wir aber nicht anwenden. Diese Wahrheiten warten noch darauf, entdeckt zu werden, und wenn dies geschieht, könnten sie eine weitere Reformation auslösen!

Als der Heilige Geist zu Pfingsten auf die Gemeinde fiel, wurde Petrus die Schriftstelle in Joel 2,28 durch die Gabe der Offenbarung lebendig gemacht: *„Und danach wird es geschehen ..."* Das Wort Gottes im Buch von Joel stand den religiösen Juden jederzeit zum Lesen zur Verfügung. Sie konnten diese Wahrheit jedoch nicht völlig verstehen bzw. anwenden, bis sie ihnen durch die Offenbarungssalbung, die auf Petrus war, offenbart wurde. Bei vielen Lehrern und Autoren wirkt diese Gabe der Offenbarung durch das Wort. Dennoch benötigen wir noch mehr Diener Gottes und Christen, die in gleicher Weise mit dieser Gabe bevollmächtigt werden, um die gegenwärtige Erneuerungsbewegung im Einklang mit dem Wort Gottes zu halten.

Diese Offenbarung aus dem Wort wird häufig als *Rhema*-Wort bezeichnet: ein Wort für "Jetzt", das sich spezifisch auf das Leben einer Person und deren Umstände bezieht. Ein *Logos*-Wort hingegen ist eine Bibelstelle bzw. Passage, die jeder Christ im Wort Gottes lesen kann, ohne dass sie notwendigerweise zu einer persönlichen Offenbarung wird.

Wenn der Heilige Geist Ihnen eine Offenbarung aus dem Wort Gottes zeigt, ist es am besten, diese sofort irgendwo festzuhalten und darüber nachzudenken. Andernfalls verlässt Sie die Salbung vielleicht wieder und Sie vergessen, was die Offenbarung war. Wir sollten danach eifern, dass diese Salbung auf uns kommt, wenn der Heilige Geist es so will. Wir sollten uns eifrig nach allen geistlichen Gaben ausstrecken und sie dann dazu gebrauchen, einander aufzubauen, wie es in 1. Korinther 14 steht. Diese Art von Offenbarung vom Himmel zu empfangen, ist ein großes und spannendes Vorrecht für Sie. Für Menschen, die sich in einer geistlichen Dürre befinden, wird es ähnlich wie das Manna vom Himmel sein, wenn sie Ihre Offenbarung mit ihnen teilen.

*Der Prediger suchte gefällige Worte zu finden und die Worte der Wahrheit richtig aufzuzeichnen. Die Worte der Weisen sind wie Treiberstacheln, und wie eingeschlagene Nägel die gesammelten [Aussprüche]; sie sind von einem einzigen Hirten gegeben* (Pred 12,10-11 SLT).

## Heilungen und Wunder

Die Salbung zu heilen und Wunder zu vollbringen nimmt in dieser Erneuerungsbewegung zu. Während die Christen durch den neuen

Wein unglaubliche Freude erfahren und dadurch erneuert und emotional und geistlich geheilt werden, werden sie auch körperlich geheilt und empfangen die Salbung zu heilen.

Alle geistgefüllten Gläubigen haben die Autorität und die Fähigkeit, die Kranken durch den Glauben an Gottes Wort zu heilen. Wenn jedoch eine spezielle Heilungssalbung auf Sie kommt, ist dies ein zusätzlicher Segen. Die Gaben der Heilungen funktionieren oft im Einklang mit anderen Gaben.

Einmal ließ ich die Menschen zum Gebet nach vorne kommen und viele wurden geheilt. Es war aber eine Frau dabei, die wieder auf ihren Platz zurückging, ohne Heilung empfangen zu haben. Bald danach bekam ich ein Wort der Erkenntnis über eine bestimmte Krankheit, die Gott heilen wollte. Dabei zeigte sich, dass es genau diese Frau betraf. Nachdem ich das Wort der Erkenntnis weitergegeben hatte, kam sie wieder zum Gebet nach vorne und wurde augenblicklich geheilt. Wieso geschah es auf diese Weise? Zum einen nahm ihr Glauben zu, als sie hörte, dass ihre Krankheit genannt wurde. Zum andern erkannte Sie, dass nur Gott dies hatte wissen können, da sie niemandem davon erzählt hatte.

Die Gabe des Glaubens wirkt eng mit den Gaben der Heilungen und Wunder zusammen. Oftmals schließe ich einen Moment lang meine Augen und sehe dann tatsächlich ein Bild von dem kranken Körper, der geheilt wird. Dann bete ich entsprechend dem Bild, das ich im Geist sehe und werde somit nicht von dem beeinflusst, was ich im Natürlichen sehe. Auf diese Art und Weise werden Menschen scheinbar viel schneller geheilt. Es ist eine Sache des Glaubens und der Heilungssalbung, die zusammenwirken. Sie können auch durch den Glauben allein Heilung empfangen, obwohl es manchmal ein langer Kampf ist, bis sie sich dann körperlich zeigt. Ist eine spezielle Heilungssalbung da und vereinigt sich mit diesem Glauben, kann der Heilungsprozess beschleunigt werden.

Wenn Leute bereits aufregende Zeugnisse über Erneuerungsveranstaltungen gehört haben und dann große Entfernungen zurücklegen, um zu einem Treffen zu kommen, sind sie meist voller Erwartung. Viele kommen mit der Einstellung: Wenn ich es nur schaffe, dorthin zu kommen, bin ich mir sicher, dass ich auch etwas von Gott bekommen werde. Solche Leute unternehmen diese Reise auch dann, wenn es sie eine ganze Stange Geld kostet. Ich glaube, dass Gott solchen Glauben ehrt, wenn Leute Gott einfach vertrauen, dass er sie füllen wird. Es ist ähnlich wie mit der Frau, die dachte, wenn sie nur den Saum von Jesu Gewand berühren könnte, würde sie geheilt werden (vgl. Mt 9,20).

Seit wir erneuert und mit dem neuen Wein gesalbt sind, erleben wir, dass sich die Gabe der Heilung durch Gottes Gnade multipliziert. Manchmal heilt Gott die Menschen in einem Treffen, auch ohne dass jemand für sie betet. Manchmal werden auch unsere Hände heiß und wir erkennen dadurch, dass wir die Leute nach vorne rufen und unsere Hände auf sie legen sollen. Wenn Gott will, kann es geschehen, dass Leute durch Worte der Erkenntnis, die im Glauben ausgesprochen werden, zu Hunderten geheilt werden. Es ist begeisternd, wenn Menschen geheilt werden, ohne dass jemand die Hände auf sie gelegt hat. In solch herrlichen Momenten sind Menschen eher dazu geneigt, Gott alle Ehre zu geben. Wir dienen einem mächtigen und liebevollen Gott, der sein Volk so sehr liebt, dass er aufgrund seiner Gnade die Menschen auch ohne menschliches Zutun heilt. Gott gebührt alle Ehre!

Ich glaube, dass wir noch größere Manifestationen von Heilungen und Wundern sehen werden, die in unserer Generation auf seine Knechte und Mägde kommen werden. Sowohl der Schatten des Petrus als auch das Taschentuch des Paulus allein bewirkten, dass Menschen geheilt wurden (vgl. Apg 5,15; 19,11-12). Jesus sagte, dass wir sogar noch größere Wunder tun würden als er tat, während er hier auf der Erde war (vgl. Joh 14,12). Die spektakulärsten Heilungssalbungen müssen der Welt erst noch demonstriert werden, und zwar nicht, um die Aufmerksamkeit auf eine bestimmte Person bzw. einen Dienst zu lenken, sondern auf den Herrn Jesus Christus selbst und auf seine rettende Botschaft!

*Und Philippus kam hinab in eine Stadt von Samaria und verkündigte ihnen Christus. Und die Volksmenge achtete einmütig auf das, was Philippus sagte, als sie zuhörten und die Zeichen sahen, die er tat. Denn aus vielen, die unreine Geister hatten, fuhren diese mit großem Geschrei aus; es wurden aber auch viele Gelähmte geheilt und solche, die nicht gehen konnten. Und es herrschte große Freude in jener Stadt* (Apg 8,5-8 SLT).

Manche Leute werden nicht glauben, wenn sie nicht etwas Übernatürliches sehen. Als Philippus nach Samaria ging, predigte er ihnen den Christus, wie viele Diener Gottes es heute tun. Diese Prediger wundern sich manchmal, warum scheinbar nichts geschieht, obwohl ihre Botschaft lehrmäßig korrekt ist. In diesen Versen heißt es, dass Philippus ihnen vor allem Jesus predigte. Doch obwohl er ihnen Jesus predigte, war dies für die Leute nicht genug. Es steht deutlich da, dass sie erst glaubten, nachdem sie gehört und die Wunder gesehen hatten, die er tat. Für sie waren die Wunder das Zeichen dafür, dass die Predigt des Philippus der Aufmerksamkeit wert war, weil sie vom lebendigen Gott bekräftigt wurde. Wir leben in einer Zeit, in der die Leute glauben, dass sie schon alles gesehen und gehört haben. Für viele Menschen bedeutet sehen, glauben.

Die meisten unerreichten Volksstämme erleben das Übernatürliche ganz regelmäßig. Eine nette Botschaft, die nicht von Kraft bestätigt wird, interessiert diese Leute nicht wirklich. Sobald die Botschaft aber von Kraft begleitet wird, schenken sie ihr die volle Aufmerksamkeit und Beachtung.

Die Kraft Gottes lenkt die Aufmerksamkeit auf die Botschaft, die wiederum die Verlorenen rettet. Vor Kurzem hörte ich einen Bericht, dass geschätzte 80 Prozent der Muslime, die sich zu Jesus bekehren, dies nur dann tun, wenn sie irgendeine übernatürliche Manifestation gesehen haben, die mit der Botschaft des Evangeliums einhergeht.

Bitten Sie den Herrn darum, dass er Sie auf solche Weise gebraucht, und glauben Sie, dass er dies in naher Zukunft auch tun wird. Wagen Sie mit seiner Salbung einen Schritt im Glauben und werden Sie zu den Händen und zum Sprachrohr Jesu.

## Befreiungssalbung

Gott will Menschen genauso sehr von Bindungen befreien, wie er dem Leib Christi Wiederherstellung bringen will. In dieser Erneuerungsbewegung kann man auch eine Salbung für Befreiung bekommen. Diese Salbung bewegt sich auf einer höheren Ebene der Kraft als die Heilungssalbung. Als Folge dieser Erneuerung werden diejenigen, die ihre Autorität in Christus kennen, beim Königreich der Finsternis bekannt sein und zu einer Bedrohung für es werden.

*Der Geist des Herrn, des Herrschers, ist auf mir, weil der Herr mich gesalbt hat, den Armen frohe Botschaft zu verkünden; er hat mich gesandt, zu verbinden, die zerbrochenen Herzens sind, den Gefangenen Befreiung zu verkünden und Öffnung des Kerkers den Gebundenen ... (Jes 61,1 SLT).*

Wenn Dämonen die neue Salbung auf Ihnen erleben, bekommen sie Angst. Warum? Das Wort *Christus* bedeutet „der Gesalbte". Da sich Salbung auf Jesus, den Gesalbten, bezieht, sehen die Dämonen eigentlich Jesus statt Sie, wenn sie die Salbung auf Ihnen sehen. Sie sehen Sie und fürchten den „Gesalbten". Wenn Sie voller Salbung sind, sind Sie voll von Jesus. Wenn Jesus auf eine Person, die Befreiung brauchte, zuging, machten die Dämonen ein großes Theater, weil sie wussten, dass seine Salbung ihm die volle Autorität gegeben hatte, sie auszutreiben.

Wenn ein Polizist seine Uniform trägt, erhält er damit auch die Autorität, den Verkehr zu regeln. Mit nur einer erhobenen Hand kann er furchtlos inmitten des Verkehrsstaus stehen und eine Unmenge von Autos und sogar große Lastwagen dirigieren. Warum ist dies so? Weil die Autofahrer die Autorität und auch die Konsequenzen des Ungehorsams anerkennen, die diese Uniform mit sich bringt. Sie fürchten sich nicht nur vor dem Polizisten alleine. Der Polizist kann ein kleiner, dünner Mann sein, der, wenn er versuchen würde, den Verkehr ohne Uniform zu regeln, eine böse Überraschung erleben würde. Es wäre dumm und tödlich, wenn jemand dies versuchen würde.

Das Gleiche gilt, wenn man versucht, Leute ohne die Salbung von Jesus Christus, dem „Gesalbten", zu befreien. Wenn Sie es aus Ihrer eigenen Kraft heraus versuchen, werden Sie Schwierigkeiten bekommen. Satan zollt nur der Autorität der Salbung Anerkennung, also sollten Sie diese *immer* anhaben. Wenn Sie nicht da ist, dann halten Sie mit Ihrem Vorhaben inne und suchen Sie zuerst sein Angesicht. Die sieben Söhne des Skevas lernten diese Lektion auf die harte Tour.

*Der böse Geist aber antwortete und sprach zu ihnen: Jesus kenne ich, und von Paulus weiß ich. Aber ihr, wer seid ihr? Und der Mensch, in dem der böse Geist war, sprang auf sie los und bezwang sie miteinander und überwältigte sie, so dass sie nackt und verwundet aus jenem Haus entflohen* (Apg 19,15-16).

Der Feind wusste sehr gut, wer Jesus und Paulus waren, da sie vieles von Satans Königreich zerstört hatten. Auch Sie werden bekannt werden, wenn Sie sich mit dieser Salbung gegen den Bösen stellen. Wenn Jesus große Heilungen und Wunder und Befreiungen vollbracht hatte, zog er sich danach gleich an einen einsamen Ort zurück, um mit seinem himmlischen Vater allein zu sein. Wenn die Salbung auf Jesus ruhte, ging er dorthin, wo die Nöte und die Menschen waren. Wenn er sich jedoch ausgelaugt und müde fühlte, wusste er, dass er Abstand von der Menge brauchte und sich neu an der Quelle füllen lassen musste. Dies ist extrem wichtig. Wir müssen wissen, wann die Salbung auf uns ist und wann sie nachlässt. Schwindende Salbung ist eine Warnung an uns, dass wir uns zurückziehen und unsere geistlichen Kräfte erneuern müssen.

Sind wir denn stärker als Jesus? Wenn er neu gefüllt und erfrischt werden musste, bevor er ausbrannte, können Sie sichergehen, dass auch Sie dies benötigen. Wenn Sie sich dem Punkt der geistlichen und körperlichen Erschöpfung nähern, müssen Sie einsehen, dass dies die Alarmglocken des Heiligen Geistes sind, damit Sie innehalten und einen ruhigen Ort suchen können, um allein zu sein und von ihm erneuert zu werden. Sie können nicht 24 Stunden lang unter einer starken Salbung, wie der Befreiungssalbung, dienen. Das ist der Grund, weshalb schon so mancher sehr gesalbte Mann Gottes gefallen ist. Wenn die Salbung aufgebraucht ist, versuchen sie in ihrer eigenen Kraft zu dienen, wie wenn der Polizist versuchen würde, den Verkehr ohne seine Uniform zu regeln.

Wir haben einige sehr intensive Treffen erlebt, bei denen viele Befreiungen und Heilungen stattgefunden haben. Diese Art von Dienst kann von Ihrem Körper einen hohen Tribut fordern. Wenn wir merken, dass der Verschleiß des Dienstes sich auf diese Art und Weise bemerkbar macht, versuchen wir immer, uns Zeit für eine Ruhepause zu nehmen. Wenn Sie versuchen, einen solchen Dienst andauernd auszuüben, ohne einmal eine Pause einzulegen, werden Sie nicht lange durchhalten. Befreiungsdienst scheint den Menschen am meisten abzuverlangen, da seine Ausübung ein Maximum an Salbung, Glauben und geistlicher Autorität erfordert.

Jesus wusste, wann Kraft von ihm ausging, um zu heilen bzw. zu befreien, wie es bei der Frau mit dem Blutfluss der Fall war. Seit unsere Salbung erneuert wurde, nimmt Befreiung viel weniger Zeit in Anspruch. Das Ergebnis des neuen Weins ist, dass wir in einer stärkeren Salbung dienen. Das ist eine gute Nachricht, da diese Art von Dienst weniger ermüdend und zeitraubend wird. Der neue Wein bedeutet einfach ein Mehr vom Heiligen Geist in einer konzentrierteren Form. Vielleicht haben Sie schon eine starke Salbung in einem bestimmten Dienstbereich und sehen vielleicht keine Notwendigkeit nach mehr. Wie dem auch sei: Wenn Sie den Heiligen Geist noch tiefer und mit einer neuen Salbung in Ihrem Leben wirken lassen, wird Ihr Dienst optimiert und gestärkt werden.

## Evangelistische Salbung

Wir müssen erst noch erleben, wie die dynamischsten Evangelisationssalbungen überall auf der Welt explodieren. Ich glaube, dass in der kommenden Zeit sogar die Journalisten und die Zeitungen täglich über diese Vorkommnisse berichten werden. Einfache Männer und Frauen werden auf den Straßen, in Bars, Restaurants,

Gefängnissen, am Arbeitsplatz und an jedem anderen Ort, wo es verlorene Menschen gibt, mutig das Evangelium predigen und es wird vom Übernatürlichen begleitet sein!

Diese Erneuerung schreitet in mehreren Phasen fort. Als Erstes reinigt Gott seine Gemeinde und stellt die Freude, ihn zu kennen, wieder her. Dann teilt er neue Salbungen aus. Und nicht zuletzt bläst er Alarm für den mächtigsten evangelistischen Vorstoß, den es je gegeben hat – welcher die größte Ernte der Geschichte zur Folge haben wird, wenn Millionen und Abermillionen vor dem Kommen unseres Herrn Jesus Christus sein Heil annehmen werden.

Wir sollten so viel wie nur möglich vom neuen Wein trinken, bis wir mit dem Geist der Evangelisation ausgestattet sind. Diese Evangelisationssalbung ist nicht nur für „Evangelisten" da. Christen, die unter dieser Salbung weiter erneuert werden, werden schließlich durch den Geist Gottes von Erbarmen und Kühnheit überwältigt werden.

Ich möchte ein Erlebnis mit Ihnen teilen, das mir geholfen hat, diese Salbung zu verstehen. Schon jahrelang wirkte ich unter einer speziellen Evangelisationssalbung, und dennoch wurde sie erneuert. Nachdem ich im Abendmahlssaal in Jerusalem vom Heiligen Geist überwältigt worden war, führte ich in den drei Wochen, in denen ich dort war, mehr Menschen zum Glauben, als ich jemals erwartet hätte. Das Evangelisieren floss einfach viel leichter, da eine neue Kühnheit auf mich gekommen war. Nachdem ich in Kanada und Florida mehr von dieser Salbung erhalten hatte, wurde die evangelistische Salbung sogar noch stärker, und mit ihr kamen auch ein größeres Erbarmen und eine größere Last für die verlorenen Menschen als je zuvor. Während dieser Zeiten, in denen ich mit neuer Kraft durchdrungen wurde, bekam ich ein Wort vom Herrn, dass ich durch diese Salbung erleben würde, wie noch mehr Menschen in sein Reich kämen. Dieses Wort führte zu einer noch größeren Last für die verlorenen Menschen und wurde zeitweilig wie ein unauslöschlich brennendes Feuer in mir.

Was diese Salbung angeht, können Sie an einen Punkt kommen, an dem Sie das Gefühl haben, als würden Sie gleich platzen, wenn Sie nicht jemandem von Jesus erzählen. Sie werden vollkommen gefeit gegen jede Menschenfurcht bzw. jedes andere Hindernis auf Ihrem Weg sein, das Sie vom Evangelisieren abhalten will. Es ist ähnlich dem Betrunkensein im Geist. Sie verlieren alle Hemmungen, Ihren Glauben und Ihre Leidenschaft – Jesus – zum Ausdruck bringen! Sie werden gleichzeitig mit einer Ernsthaftigkeit und mit einer unglaublichen Freude erfüllt. Ich glaube, dass die frühe Gemeinde die Fülle des Heiligen Geistes empfing, was dazu führte, dass Massen von Menschen Jesus in einer relativ kurzen Zeit annahmen.

Jeder Christ kann hinausgehen und aus reiner Willenskraft Zeugnis geben – und dabei vielleicht sogar auch Resultate sehen. Zeugnis zu geben, ist jedoch viel leichter, wenn Sie von dieser Salbung und diesem Erbarmen für die Verlorenen so voll sind, dass sie in Ihrem Leben ganz natürlich überfließen, wohin Sie auch gehen. Dieses Feuer und diese Leidenschaft für die Menschen werden die Hindernisse von Angst, Einschüchterung und Befangenheit, die viele von uns davon abhalten, den Glauben mutig zu bekennen, ausradieren. Völlig im Heiligen Geist eingetaucht zu werden, von ihm erfrischt, erfüllt und erneuert zu werden, wird viel Frucht in Form erretteter Menschen hervorbringen, indem Sie einfach das herauslassen, was bereits in Ihnen ist, und es mit anderen teilen. Wir müssen ja schließlich zur Ernte hingelangen, wenn wir erwarten wollen, dass diese Bewegung mit noch größerer Macht explodieren soll. Geben Sie sich nicht mit nur etwas Freude und Lachen zufrieden. Hören Sie an diesem Punkt nicht auf in der Annahme, Sie hätten schon alles bekommen. Gehen Sie noch viel tiefer und hören Sie mit dem Empfangen des neuen Weins nicht auf, bis Sie mit einer alles verzehrenden Last für die Verlorenen erfüllt werden, die Sie aus Ihrer Gemeinde heraus und nach draußen führt, wo die verlorenen Menschen auf Sie warten!

Ich habe beim Evangelisieren mit diesem neuen Wein experimentiert, indem ich ein Team auf die Straßen von Paris mitnahm, eine Stadt, die bekannt dafür ist, dass Evangelisation dort schwierig ist. Bevor wir hinausgingen, sorgte ich dafür, dass über dem Team gebetet wurde, damit auch sie diese neue Salbung empfingen. Als wir beteten, begannen sie im Heiligen Geist zu lachen und fielen mit einer neuen, ansteckenden Salbung auf den Boden. Sofort danach gingen wir auf die Straße. Die Ergebnisse waren dramatisch. Wir wurden mit einer solchen Freude erfüllt, dass wir mit dem Lachen nicht aufhören konnten, als wir die Straße entlanggingen. Diejenigen, die normalerweise schüchtern bzw. lustlos waren, wurden durch die Freude plötzlich voller Kühnheit.

Als der erste Mann an mir vorüberging, stürzte ich mich auf ihn und gab ihm mit großer Freude und Begeisterung Zeugnis. Ich legte meine Hände auf seine Beinen, da er Arthritis hatte, und er wurde geheilt! Einem anderen Mann gab ich ein Wort der Erkenntnis über sein Leben weiter. Daraufhin gab er sein Leben Jesus und begann, regelmäßig eine Gemeinde zu besuchen. Sofort nachdem er Jesus angenommen hatte, leitete ich ihn in einem Gebet, damit er die Fülle des Heiligen Geistes empfing. Erfüllt von der Freude des Herrn fing er an zu lachen – obwohl er es nicht ganz verstand, aber sichtlich genoss. Er strahlte und ein breites Lächeln war auf seinem Gesicht.

Wir koordinierten unsere Bemühungen danach mit einem Evangelisationsteam aus Kensington Temple, einer großen Gemeinde in London, die auch gerade Erneuerung erfuhr. Die Ergebnisse auf den Straßen von Paris waren außerordentlich. Gottes Kraft war in vollem Gange und wieder wurden mitten auf den Straßen Menschen gerettet und geheilt. Aufgrund der Erneuerung hatten wir bei unseren Evangelisationen vermehrt Zugang zu den Geistesgaben und auch eine zunehmende Einheit und Liebe. Dieses Prinzip funktioniert, ob auf der Straße oder in großen evangelistischen Veranstaltungen mit hunderttausenden Besuchern.

Verwenden Sie diese Salbung und Erneuerung zur Rettung von Menschen, ganz egal, was Ihre Begabung bzw. Ihr Ruf ist. Lassen Sie sich einfach vom Heiligen Geistes erfrischen und auffüllen und dann gehen Sie hinaus und seien Sie ein Zeuge bzw. eine Zeugin, wo immer Sie sind! Je öfter Sie es tun, desto leichter wird es. Die Salbung muss benutzt, nicht aufbewahrt werden. Je mehr Wege Sie finden, sie anzuwenden, desto mehr davon werden Sie empfangen. Paulus sagte zu Timotheus, er solle das Werk eines Evangelisten tun, obwohl dieser ein Pastor war. Ich erinnere mich daran, dass Nevers Mumba, ein afrikanischer Evangelist, in unserer Bibelschulklasse bei *Christ For the Nations* sagte: „Predigt nicht wie ein cooler Prediger, sondern wie ein betrunkener Petrus!"

Wenn Sie merken, dass die Salbung zu versiegen beginnt, gehen Sie zur Quelle zurück, um wieder gefüllt und vom himmlischen Wein betrunken zu werden. Danach gehen Sie hinaus und investieren Sie sich in das Leben eines anderen Menschen. Man könnte sagen: „Ohne es zu praktizieren, wirst du es verlieren."

Damit wir den Missionsbefehl in unserer Generation erfüllen können, braucht es eine völlige Hingabe an den Ruf des Heiligen Geistes und einen mächtigen Missionseifer, der größer ist als alles, was wir bisher erlebt haben. Dazu braucht es Männer und Frauen, die vom neuen Wein so voll sind, dass sie bereit sind, auch ihr eigenes Leben dabei zu riskieren. Aufgrund ihrer Liebe zu Jesus werden sie das Evangelium in die dunkelsten Höllenlöcher der Bedrängnis und des Leidens bis an das Ende der Welt bringen. Diese Art von Evangelisation wird für viele neu sein, jedoch einfach die frühe Gemeinde widerspiegeln, nur mit noch größerer Kraft ausgestattet. Sobald uns Jesu Salbung einmal erfasst hat, müssen wir dort anfangen, wo wir sind: an unseren Arbeitsstellen und bei denen, die wir täglich treffen. In Apostelgeschichte 1,8 wurde den Gläubigen geboten, dort zu beginnen, wo sie waren, nämlich in Jerusalem.

*Danach sah ich eine riesige Menschenmenge aus allen Stämmen und Völkern, Menschen aller Sprachen und Kulturen; es waren so viele, dass niemand sie zählen konnte. In weiße Gewänder gehüllt, standen sie vor dem Thron und vor dem Lamm, hielten Palmzweige in den Händen und riefen mit lauter Stimme: „Das Heil kommt von unserem Gott, der auf dem Thron sitzt, und von dem Lamm!"* (Offb 7,9-10 NGÜ).

# KAPITEL 9

# Der neue Wein zieht neue Gäste an

*Dann sprach er zu seinen Knechten: Die Hochzeit ist zwar bereit, aber die Geladenen waren nicht würdig. Darum geht hin an die Kreuzungen der Straßen und ladet zur Hochzeit ein, so viele ihr findet! Und jene Knechte gingen hinaus auf die Straßen und brachten alle zusammen, so viele sie fanden, Böse und Gute, und der Hochzeitssaal wurde voll von Gästen (Mt 22,8-10 SLT).*

Das Hochzeitsfest wird so großartig, dass die Gäste sich durch all die Freude ein wenig verwöhnt vorkommen. Es ist zu viel, als dass sie es einfach für sich selbst behalten könnten. „Lasst uns jene einladen, die keine Einladung bekommen haben und sie drängen, auch zu kommen!", rufen die Gäste mit der vollen Zustimmung und Vorfreude der Braut und des Bräutigams einander zu. Es fällt ihnen nun leichter, hinauszugehen und Fremde anzusprechen, denn eine neue Kühnheit hat sie gepackt.

Indem immer mehr neuer Wein in unser Leben und in unsere Gemeinden fließt, wird das Hochzeitsfest so vergnüglich, dass jene, die nicht eingeladen sind, sogar neidisch werden. Wie im Gleichnis vom Hochzeitsfest in Matthäus 22 werden viele, die ursprünglich eingeladen waren, nicht kommen. Unser Leben muss von diesem neuen Wein so erfüllt werden, dass wir nicht mehr anders können, als die Verlorenen und jene Menschen, die sich auf den Straßen und in den Gassen befinden, zum Hochzeitsfest einzuladen. Indem wir die Botschaft vom Kreuz verkünden und mit Gottes Liebe und seinem Erbarmen in seiner Kraft wirken, werden viele dieser verlorenen Menschen davon überzeugt werden, dass die Einladung echt ist – und dass der neue Wein schon bezahlt wurde.

Da es unsere Aufgabe ist, die Verlorenen zu erreichen, was sollte demnach unsere Botschaft an die Welt sein? Wir haben nur eine Botschaft für sie: die Botschaft des Kreuzes und dorthin müssen wir zurückkehren. Die frühe Gemeinde wusste um die Kraft dieser Botschaft. Die wahre Geschichte von Jesus Christus, der für die Sünden der Welt gekreuzigt wurde und in Kraft auferstanden ist, um das Heil der gesamten Menschheit zu bringen, muss neu belebt werden. Wir müssen die Botschaft von Jesus Christus in ihrer Einfachheit bringen. Irgendwie hat die Kirche/Gemeinde versucht, das Evangelium so sehr zu intellektualisieren, dass sie seine Kraft praktisch verwässert hat. Wenn die Botschaft des Kreuzes irgendeine Auswirkung haben soll, müssen wir zuerst anfangen, sie zu leben, bevor wir sie predigen.

*Denn Christus hat mich nicht beauftragt zu taufen, sondern das Evangelium zu verkünden. Und das darf nicht mit klugen Worten geschehen, weil sonst der Botschaft von Christus und seinem Tod am Kreuz die Kraft genommen würde* (1 Kor 1,17 NGÜ).

Zu viele aufrichtige Christen haben versucht, lediglich ein einseitiges Evangelium zu verkünden: Wenn du Jesus annimmst, werden alle Probleme im Leben verschwinden, und du wirst danach bis zum Lebensende glücklich weiterleben. Christen glauben, damit einen guten ersten Eindruck von Jesus zu geben. Sie denken, dass die Leute abgeschreckt werden könnten, wenn sie ihnen auch sagen, dass sie Sünder sind, die umkehren müssen. Petrus predigte voller Kühnheit die Botschaft vom Kreuz, und zwar genau denjenigen, die an der Kreuzigung Jesu beteiligt waren.

*... diesen Mann, der nach dem bestimmten Ratschluss und nach Vorkenntnis Gottes hingegeben worden ist, habt ihr durch die Hand von Gesetzlosen an das Kreuz geschlagen und umgebracht. Den hat Gott auferweckt, nachdem er die Wehen des Todes aufgelöst hatte, wie es denn nicht möglich war, dass er von ihm behalten würde (Apg 2,23-24).*

Die Folge von Petrus' Predigt war, dass an einem Tag 3.000 Sünder gerettet und getauft wurden. Philippus predigte Jesus mit ähnlichen Auswirkungen! Auch der Märtyrer Stephanus predigte Jesus und seine Kreuzigung genau denen, die sich schuldig gemacht hatten, Jesus dem Tode übergeben zu haben.

*Welchen der Propheten haben eure Väter nicht verfolgt? Und sie haben die getötet, welche die Ankunft des Gerechten vorher verkündigten, dessen Verräter und Mörder ihr jetzt geworden seid, die ihr das Gesetz durch Anordnung von Engeln empfangen und nicht befolgt habt. Als sie aber dies hörten, wurden ihre Herzen durchbohrt, und sie knirschten mit den Zähnen gegen ihn (Apg 7,52-54).*

Nur die Botschaft vom Kreuz hat die Kraft, den Sünder wirklich zu bekehren und ihm eine faire Gelegenheit zu seiner Rettung zu geben. In Stephanus' Fall wurden die Zuhörer derart überführt, dass sie den Botschafter umgebrachten, anstatt die Botschaft anzunehmen. Auf jeden Fall wird die Botschaft vom Kreuz etwas bewirken: Sie rüttelt an Satans Gefängnis und stellt seine Niederlage zur Schau. Die Folge davon wird entweder Erweckung oder Verfolgung sein. Wenn Verfolgung aufkommt, wird sie letztlich nur zum Saatbeet für mehr Erweckung werden!

Wenn man die großen Erweckungsprediger aus England und den Vereinigten Staaten studiert, fällt auf, dass Prediger wie Wesley, Finney und Spurgeon alle dieselbe Botschaft predigten. Die Folge davon war Erweckung. Alle Menschen haben sich am Blut Jesu schuldig gemacht, nicht nur diejenigen, welche Jesus dem Tode überliefert haben. Deshalb können Menschen überführt werden. Wenn sie überführt werden, werden sie entweder aufgeben oder sich heftig gegen Sie und Ihre Botschaft wehren. Wir, als

Volk Gottes, sind von der Botschaft des Kreuzes abgewichen und wundern uns dann, warum die Menschen nicht überführt werden. Man kann nur von etwas überführt werden, dessen man sich schuldig gemacht hat. Auf diese Weise werden die Menschen gerettet – und bleiben auch gerettet.

In unserer Gesellschaft des säkularen Humanismus haben Christen vielfach versucht, das Evangelium zu intellektualisieren, um den Leuten „dort zu begegnen, wo sie sind", indem sie die Botschaft vom Kreuz ausklammerten und dadurch wenige bzw. keine bleibenden Resultate erzielt haben. Das Fazit davon ist: Wenn ein Mensch nicht irgendwann erkennt, dass er ein Sünder ist, der es nötig hat, Buße zu tun, kann und wird er die Rettung nicht wirklich annehmen.

Denken Sie einen Augenblick darüber nach. Was erzählen Sie den Leuten, wovon sie gerettet werden müssen? Haben die Menschen ein besseres intellektuelles Gefühl bezüglich ihrer eigenen Person, wenn Sie ihnen Zeugnis gegeben haben? Oder fühlen sie sich überführt? Sie fragen sich vielleicht, wie Leute die einfache Botschaft vom Kreuz überhaupt verstehen können, ohne dabei zu denken, es sei ein albernes Märchen für Kinder oder Verrückte. Wie kann eine solch harte Botschaft die Logik der Welt und die menschliche Weisheit herausfordern, die über eine solche „Dummheit" spottet? Sie denken vielleicht, dass diese Botschaft in den Entwicklungsländern gut funktioniert, aber in der westlichen Welt? Lesen Sie, was Gott über den Umgang mit der Weisheit der Welt sagt:

*Mit der Botschaft vom Kreuz ist es nämlich so: In den Augen derer, die verloren gehen, ist sie etwas völlig Unsinniges; für uns aber, die wir gerettet werden, ist sie der Inbegriff von Gottes Kraft. Nicht umsonst heißt es in der Schrift: „Die Klugen werde ich an ihrer Klugheit scheitern lassen; die Weisheit derer, die als weise gelten, werde ich zunichte machen." Wie steht es denn mit ihnen, den Klugen, den Gebildeten, den Vordenkern unserer Welt? Hat Gott die Klugheit dieser Welt nicht als Torheit entlarvt? Denn obwohl sich seine Weisheit in der ganzen Schöpfung zeigt, hat ihn die Welt mit ihrer Weisheit nicht erkannt. Deshalb hat er beschlossen, eine scheinbar unsinnige*

*Botschaft verkünden zu lassen, um die zu retten, die daran glauben* (1 Kor 1,18-21).

Gott hat vorsätzlich etwas scheinbar Dummes benutzt, um diejenigen zu beschämen, die sich in dieser Welt für weise halten. Gott spielt mit dem Kreuz seines Sohnes nicht die weltlichen Spiele des Intellektualismus, und deshalb sollten auch wir dies nicht tun. Wenn wir das Evangelium auf eine weltliche Weise präsentieren, selbst wenn sie die Botschaft nur ein wenig verwässert, wird es nicht funktionieren, denn das Evangelium geht gegen das Denken der Welt. Die Welt will, dass alles logisch ist. Wäre das Evangelium logisch, würde die Welt es lediglich analysieren und dann unbeeindruckt weitermachen.

In der Denkweise der Welt ist das Kreuz eine Dummheit. Wenn die Leute die Botschaft des Kreuzes einmal wirklich gehört haben – in Liebe gepredigt und von einem Gefäß, das ein lebendiges Zeugnis der Botschaft ist –, wird sie das für ihr Leben prägen. Diese Botschaft hat solch eine Kraft, dass sie den Menschen gegen den Strich geht und ihre Herzen offenbart! Wenn sie ohne Kompromisse gepredigt wird, ist es eine Botschaft, die man nicht so leicht vergisst. Sie dürfen nicht die Spiele dieser Welt spielen; denn die Welt ist zu gut darin! Das Kreuz verpasst einem verlorenen Menschen einen guten Schock und macht vielleicht sogar seine menschlichen Überlegungen zunichte.

*Denn hinter dem scheinbar so widersinnigen Handeln Gottes steht eine Weisheit, die alle menschliche Weisheit übertrifft; Gottes vermeintliche Ohnmacht stellt alle menschliche Stärke in den Schatten* (1 Kor 1,25 NGÜ).

Die Botschaft vom Kreuz ist für Gott eine sehr weise Botschaft, die zum Sieg führt! Vertrauen Sie Gott in Bezug auf die Resultate und vermitteln Sie den Verlorenen die Botschaft vom Kreuz, je nachdem, wie Gott Sie führt. Ich meine damit nicht, dass Sie, sobald Sie einen Sünder sehen, mit lauter Stimme über das Kreuz predigen sollen. Vergewissern Sie sich einfach, dass Sie bei dem, was Sie erzählen, die Botschaft vom Kreuz nicht auslassen – und noch viel wichtiger: Sorgen Sie dafür, dass Sie sie leben.

## Die Lektion des Paulus

Auf seiner Missionsreise nach Athen versuchte Paulus das Evangelium für die philosophischen Griechen bis zu einem bestimmten Grad zu intellektualisieren. Es war eine brillante und wohldurchdachte Botschaft. Dennoch scheint es, dass sie im Vergleich zu Paulus' anderen Botschaften, in denen die Kraft Gottes im Vordergrund seines Dienstes stand, die geringste Auswirkung hatte (vgl. Apg 17). Überraschenderweise gibt es zu jener Zeit in Athen keinen Bericht über Taufen bzw. über eine Gemeinde, die dadurch entstanden wäre, und kein Brief wurde je an die Gemeinde von Athen geschrieben! Dies war für Paulus eine harte Lektion. Sogleich, nachdem er in Athen gepredigt hatte, ging er nach Korinth. Dort änderte er seinen Predigtstil und die Art seiner Verkündigung. Es ist ziemlich offensichtlich, dass seine Erfahrungen in Athen bestimmte Eindrücke bei ihm hinterließen. Sehen Sie sich diesen Vers aus seinem Brief an die Korinther etwas genauer an:

*So bin auch ich, meine Brüder, als ich zu euch kam, nicht gekommen, um euch in hervorragender Rede oder Weisheit das Zeugnis Gottes zu verkündigen. Denn ich hatte mir vorgenommen, unter euch nichts anderes zu wissen als nur Jesus Christus, und zwar als Gekreuzigten. Und ich war in Schwachheit und mit viel Furcht und Zittern bei euch. Und meine Rede und meine Verkündigung bestand nicht in überredenden Worten menschlicher Weisheit, sondern in Erweisung des Geistes und der Kraft, damit euer Glaube nicht auf Menschenweisheit beruhe, sondern auf Gottes Kraft* (1 Kor 2,1-5 SLT).

Nach seiner Athen-Erfahrung kam Paulus demütig und ohne Selbstvertrauen in seine menschliche Weisheit nach Korinth, obwohl er für seine Zeit ein hochgebildeter Mann war. Seine Botschaft hatte er auf Jesus Christus und auf seine Kreuzigung reduziert und die Kraft Gottes bestätigte seine Botschaft. Menschen werden nur das empfangen, was man ihnen als Objekt für ihren Glauben anbietet. Wenn Sie ihnen nur überredende Worte aus Ihrer eigenen Weisheit mitgeben, dann werden sie genau das empfangen – einen schlauen Vortrag. Wenn Sie ihnen das Kreuz predigen, dann wird sich ihr Glaube auf das Kreuz richten und sie werden die Rettung ihrer Seelen und die Kraft Gottes empfangen.

## Juden und Griechen

Die Gäste, die hinausgegangen sind, um Fremde zum Hochzeitsfest einzuladen, stoßen auf verschiedene Reaktionen. Manch einem Fremden fällt es schwer zu glauben, dass der Bräutigam ihn einlädt und die Kosten für das Hochzeitsfest übernimmt, obwohl er nicht einmal ein Freund des Bräutigams oder der Braut ist. Andere wollen einen Beweis, dass die Einladung wirklich vom Bräutigam stammt bzw. ob er überhaupt existiert. Der neue Wein und die Gaben, welche die Gäste mitbringen, demonstrieren diesen Fremden, dass es wirklich ein Hochzeitfest gibt. Die aufrichtige Liebe der Gäste und ihre Anteilnahme überzeugt viele, zum Fest hinzugehen!

*Und weil denn Juden Zeichen fordern und Griechen Weisheit suchen, predigen wir Christus als gekreuzigt, den Juden ein Ärgernis und den Nationen eine Torheit* (1 Kor 1,22-23).

**Juden:** Symbolisch kann sich der Ausdruck *Juden* in diesem Abschnitt auf alle beziehen, die nur nach Zeichen suchen, während sie die Botschaft völlig außer Acht lassen. Solche Leute wollen immer nur Wunder, Heilungen und großartige Kraftdemonstrationen sehen. Aber selbst dann sind sie manchmal nicht zufrieden. Simon der Zauberer hatte eine solche Geisteshaltung (vgl. Apg 8,9-23). Diesen Leuten gefällt es, wenn sie von Ihnen geheilt und gesegnet werden, wenn Sie jedoch die Sünde und das Kreuz erwähnen, schlucken sie dies nicht so leicht. Sie stoßen sich daran. Entweder nehmen sie die Botschaft an oder sie stolpern darüber und lehnen sie ab. Wie dem auch sei: Die Botschaft vom Kreuz ist die Lösung.

Sogar als Jesus am Kreuz hing, forderten die religiösen Pharisäer immer noch ein Zeichen, welches beweisen sollte, dass er der Messias war. Als Zeichen verlangten Sie, dass er vom Kreuz herunterkäme (vgl. Mt 27,39-42)! Dieselben Leute wollen auch Sie von der Botschaft des Kreuzes abbringen! Warum? Weil das Kreuz ein Stolperstein für sie ist und sie überführt. Bestimmten Menschen können Sie nicht nur Heilungen und Wunder predigen. Sie müssen vom Kreuz hören, und die Heilungen und Wunder werden Ihre Botschaft bestätigen.

Das Gewicht muss auf der Botschaft liegen, nicht auf den Manifestationen der Kraft. Wenn Sie den Leuten Heilungen und Wunder anbieten, dann werden sie vielleicht sogar welche bekommen und dennoch ohne Rettung ihrer Seelen wieder gehen. Große Zeichen und Wunder, die der Botschaft des Kreuzes folgen, werden ihre Aufmerksamkeit erregen und die Errettung zu einer Wirklichkeit machen, auf die sie ihr Vertrauen setzen können. Einfach ausgedrückt: Gehen Sie in Bezug auf die Botschaft vom Kreuz keine Kompromisse ein!

**Griechen:** Dieser Personentypus ist durch menschliche Vernunft, Intellektualismus und Logik gebunden. Die meisten Menschen in der westlichen Welt folgen diesem Denkmuster. Sie verstehen das Kreuz nicht. Wenn eine Botschaft gegen ihre weltliche Logik geht, tendieren sie dazu, diese als Dummheit abzustempeln.

Muslime haben in verschiedener Hinsicht ähnliche Ansichten. Für einen Muslim ist Gott (Allah) allmächtig – ein „richtiger Mann" sozusagen. Vom Standpunkt eines Muslims aus ist es einfach unvorstellbar, dass ein allmächtiger Gott in Gestalt eines kleinen Babys kommt und sich dabei selbst vor der Menschheit so sehr demütigt. Sie glauben, dass es ein Ausdruck großer Schwäche ist und Allah sollte nicht schwach sein. Wenn Sie ihnen weiter erzählen, dass Jesus in diese Welt geboren wurde, um durch einen zutiefst demütigenden Tod als Verbrecher an einem Kreuz zu sterben und die Sünden der Welt wegzunehmen, übersteigt das ihren Verstand! Ihr Konzept von Gott ist völlig anders als der Gott, über den wir in der Bibel lesen. Sie können die Liebe nicht verstehen. Gott ist Liebe! Der Muslim fragt: „Wenn er wirklich Gott wäre, warum musste er dann sterben?" Diese Art aufopfernder Liebe entzieht sich ihrem Denken. Für die meisten Muslime ist Allah kein persönlicher Gott und nicht von solcher Liebe erfüllt, dass er bereit wäre, für sein Volk zu sterben. Allah ist ein „Gott", den man genau deshalb fürchten muss, weil er nicht barmherzig ist.

Die Botschaft vom Kreuz wird das ganze muslimische Konzept von Gott ins Wanken bringen und ihre Seelen überführen. Wenn Sie einem Muslim ein logisches Evangelium und nicht das Kreuz bringen, wird er vielleicht verstehen, was Sie sagen, so wie er versteht, dass zwei und zwei vier ist. Wird er aber sein ganzes Leben Jesus geben, wenn er sehr wahrscheinlich verfolgt und von seiner Familie und seinen Freunden abgelehnt werden wird? Wahrscheinlich nicht. Wenn Sie jedoch das Kreuz predigen und Zeichen darauf folgen ... Machen Sie sich das einmal klar! In den letzen paar Jahren haben wir erlebt, dass immer mehr Muslime Jesus annehmen, und nur deshalb, weil ihnen die ganze Botschaft vom Kreuz, begleitet von Liebe und bestätigt durch das Übernatürliche, mitgeteilt wurde.

Im heutigen Europa, insbesondere in Frankreich, sind die Menschen durch die menschliche Vernunft extrem gebunden. Sie wurde für sie zu einem „Gott", ähnlich wie für ihre sehr geschätzten Philosophen der Vergangenheit. Männer wie Voltaire verbreiteten dieses dämonische Denken in Europa und zu einem großen Teil in der westlichen Welt. Dies war einer von Satans Versuchen, das Christentum auszurotten.

Indem wir die Torheit des Evangeliums benützen und noch spezifischer das Kreuz, kann der „Gott" des vernünftigen Denkens ausgemerzt werden! Wir erleben, wie dies vor unseren Augen geschieht, und es ist aufregend! Die menschliche Philosophie des Kommunismus fällt rasch in sich zusammen, da die Zahl der Gläubigen dort, wo der Kommunismus vorher herrschte, sprunghaft zunimmt. Wenn Gottes Volk die Botschaft vom Kreuz auslebt, wird der Humanismus in der westlichen Welt ebenso fallen; davon bin ich überzeugt.

Der gleiche Kampf findet auch in der Kirche/Gemeinde statt. Diejenigen, die der neuen Bewegung des Geistes widerstehen, können von der menschlichen Vernunft beeinflusst sein. Sie denken sich ihr eigenes Christentum aus. Dass Leute während einer Predigt in fröhliches Lachen ausbrechen, ist für sie nicht logisch.

Noch ist es jemand, den es unter der Kraft Gottes heftig schüttelt. Gott benutzt jedoch einige dieser Dinge, um ihre Aufmerksamkeit zu bekommen und gewisse menschliche Gedanken zur Strecke zu bringen. Religiösen Menschen gefällt es nicht, wenn sie keine Kontrolle mehr haben. Wenn sie nicht alles verstehen, was passiert, kann es für sie nicht von Gott sein. Die Pharisäer behandelten Jesus auf eine ähnliche Weise. Wir müssen zulassen, dass Gott die Strategien der „Dummheit" benutzt, um die Gemeinde neu zu beleben und die Verlorenen zu erreichen!

Wenn die Gemeinde wie gewohnt weitermacht, wird es den durchschnittlichen Christen nicht aufwecken und der Sünder wird sich nicht bekehren. Gott gefällt es, uns hie und da einen gesunden Schock zu versetzen, um uns aufzuwecken! Auch Jesus hat das die ganze Zeit über getan. Wenn wir Menschen dienen, bittet uns der Heilige Geist häufig, etwas zu tun, worauf unser Verstand mit „Das ist verrückt, Herr!" reagiert. Doch wenn wir gehorsam sind, passieren unglaubliche Dinge. Wenn ich aus verstandesmäßiger Furcht heraus einmal nicht gehorsam war, erkannte ich im Nachhinein mein Versagen. Ich hatte mir eine Gelegenheit entgehen lassen, die Weisheit und Kraft Gottes zu demonstrieren. Wir müssen entgegen dem Geist handeln, der uns widersteht. Wenn Sie auf einen Geist des Stolzes treffen, handeln Sie in Demut. Wenn es sich um einen Geist des Hasses handelt, benutzen Sie die Waffen der Liebe. Das ist der Weg des Kreuzes.

*Denn meine Gedanken sind nicht eure Gedanken, und eure Wege sind nicht meine Wege, spricht der HERR, sondern so viel der Himmel höher ist als die Erde, so sind auch meine Wege höher als eure Wege und meine Gedanken als eure Gedanken (Jes 55,8-9).*

## Sind Sie töricht?

Wir haben festgehalten, dass menschliche Weisheit, Stellung, Größe und Kraft allein keinen Menschen dazu bringen können, Christus anzunehmen. Gott kann jedoch einfache Männer und Frauen dazu gebrauchen. Im Natürlichen können diese einfachen

Menschen vielleicht niemanden von etwas überzeugen. Dennoch verwandelt Gott in seiner übernatürlichen Weisheit einfache Menschen in große Botschafter. Auf diese Weise bekommt Gott alle Ehre.

*Seht doch eure Berufung an, ihr Brüder! Da sind nicht viele Weise nach dem Fleisch, nicht viele Mächtige, nicht viele Vornehme; sondern das Törichte der Welt hat Gott erwählt, um die Weisen zuschanden zu machen, und das Schwache der Welt hat Gott erwählt, um das Starke zuschanden zu machen; und das Unedle der Welt und das Verachtete hat Gott erwählt, und das, was nichts ist, damit er zunichte mache, was etwas ist, damit sich vor ihm kein Fleisch rühme ... damit [es geschehe], wie geschrieben steht: „Wer sich rühmen will, der rühme sich des Herrn!"* (1 Kor, 1,26-29,31 SLT).

Petrus versetzte die Obrigkeit in Erstaunen, sowohl mit seiner großen Kühnheit und geistlichen Autorität in Christus als auch mit der geistlichen Weisheit, die er besaß, obwohl er von Beruf ein einfacher Fischer war. Fühlen Sie sich unbeliebt, unzulänglich und untalentiert? Fragen Sie sich oft, wie Gott Sie jemals in großartiger Weise gebrauchen kann, Christus zu verkündigen, weil Sie sich wegen Ihren Unzulänglichkeiten so töricht vorkommen? Wenn Sie darauf mit „ja" antworten, dann freuen Sie sich! Auch Sie sind ein Anwärter, der zu einem großen Botschafter für Christus werden kann. Gott benutzt törichte Dinge, und deshalb ist es ganz in Ordnung, wenn Ihnen bewusst ist, dass Sie Gottes Bestimmung für Ihr Leben nicht aus sich selbst heraus erfüllen können. Das ist ein guter Anfang, denn es stimmt: In Ihrer eigenen Fähigkeit und Stärke können Sie nichts für Gott erreichen. Sobald Sie dies erkannt haben, kann Gott Seine Fähigkeit in Sie hineinlegen, damit Sie Dinge tun können, die weit über Ihr natürliches Vermögen hinausgehen. Die Grundlage dafür ist Demut, sie unterstützt diese Salbung.

Es ist nicht so, dass Gott die berühmteren, talentierteren, einflussreichen und reichen Leute nicht für seine Vorhaben gebrauchen möchte. Das Problem liegt darin, dass die meisten Leute in dieser Kategorie sich ihrer Talente sehr bewusst sind und die natürliche

Tendenz haben, sich auf Ihre eigenen Fähigkeiten zu verlassen, um Gottes Absichten zu erfüllen. Das würde zu einem großen Problem werden! Gott würde nicht die ganze Ehre bekommen. Irgendwie würden die Menschen in ihrem fleischlichen Denken dann meinen, dass eigentlich sie es waren, die mit ihren eigenen Ressourcen und ihrer eigenen Weisheit große Dinge vollbracht haben, anstatt Gott *durch* sie.

Der Apostel Paulus war da eine Ausnahme. Er war sehr talentiert, gebildet und sachkundig. Er hatte eine der besten Ausbildungen genossen und war in seinem Umfeld schon einflussreich gewesen, bevor er Jesus Christus annahm. Paulus entschied sich dafür, all diese Talente auf den Altar zu legen und sich nicht auf sie zu verlassen. Er ließ sie ans Kreuz nageln. Er erachtete all seine Gelehrtheit als „Dreck" im Vergleich zu der Auszeichnung, eine Beziehung zu Christus zu bekommen, in der Gott die volle Kontrolle übernahm (vgl. Phil 3,8). Als Gott sah, dass er Paulus vertrauen konnte, dass dieser die ganze Ehre ihm geben würde, weckte er vom Kreuz her seine Gaben und Talente wieder auf. Danach wurde Paulus mit den nun von Gott gesalbten Talenten umso mehr von ihm gebraucht. Eine Frucht dessen war, dass er mit seinen neu gesalbten Talenten den größten Teil des Neuen Testamentes verfasste.

Doch am Anfang versuchte Paulus seinen eigenen Einfluss geltend zu machen, um das Königreich Gottes voranzutreiben. Sein Talent musste erst noch auf die Probe gestellt werden. Nach seiner Bekehrung wurde Paulus anstatt sehr einflussreich, sehr unbeliebt. Die Bibel deutet an, dass der Märtyrer Stephanus seine letzte Botschaft in derselben Synagoge predigte, in der Paulus versuchte, die Juden für Christus zu gewinnen. Die Folge davon war, dass überall, wo Paulus hinging, Tumulte entstanden bzw. die Leute heftig mit ihm stritten und versuchten, ihn zu töten. Er war kein so beliebter Mann mehr (vgl. Apg 21,27-30).

Sogar die Jünger lehnten Paulus zuerst ab, da sie Angst vor ihm hatten. Sie nahmen ihn nicht so schnell auf.

*Als er aber nach Jerusalem gekommen war, versuchte er, sich den Jüngern anzuschließen; und alle fürchteten sich vor ihm, da sie nicht glaubten, dass er ein Jünger sei* (Apg 9,26).

Trotz anhaltender Verfolgung machte Paulus in seiner Kühnheit für Christus beharrlich weiter. Als sein Dienst gerade begann, sandten ihn die Gläubigen in seine Heimatstadt Tarsus zurück, wo er etwa 14 Jahre lang blieb.

Ich glaube, dass Paulus sich zumindest ein bisschen gedemütigt vorkommen musste. Sein Einfluss und alle seine anderen „Vorzüge" im Leben mussten zuerst ans Kreuz gebracht werden. Vielleicht haben sie spezielle Talente und Vorzüge in dieser Welt, die Sie für Jesus einsetzen wollen. Das ist eine sehr gute Motivation, aber Gott wird sie zuerst testen. Sie denken vielleicht, *Gott hat mir diese Talente gegeben!* Das stimmt, da jede gute Gabe von Gott kommt. Das bedeutet jedoch nicht, dass Ihre Fähigkeiten und Talente schon gesalbt sind. Sehen Sie, erst wenn alle diese Träume und Talente gekreuzigt worden und neu auferstanden sind, können sie für seine Zwecke nützlich und voller Salbung sein.

Lassen sie ihre Talente am Kreuz sterben. Wenn Gott sie wieder auferwecken will, dann wissen Sie, dass es allein Gott war, der dies getan hat, und er wird alle Ehre bekommen. Wenn Sie versuchen, Ihre Talente und Gaben in Ihrer eigenen Kraft ohne das Kreuz zu gebrauchen, werden Sie extrem frustriert werden – genauso wie es Paulus am Anfang seines Dienstes wohl war. Gott bittet uns immer, dass wir ihm unser Bestes als Opfer geben. Er möchte die Dinge haben, die uns am kostbarsten sind.

Isaak war für Abraham und seine Frau ein wunderbares Geschenk Gottes, als sie über die Zeit des Kinderkriegens hinaus waren. Dennoch musste Abraham geprüft werden. Im Grunde genommen sagte Gott: „Gib mir Isaak!" Abraham gehorchte, obwohl seine Seele von einer großen Not erfasst wurde. *Warum würde Gott um so etwas bitten?*, hat er sich wahrscheinlich gefragt. Gott prüfte ihn, um sicherzugehen, dass seine Sicherheit, seine Hoffnung, sein Vertrauen und seine Liebe nicht allein auf Isaak ruhten, sondern auf ihm, dem Geber der Gabe (vgl. 1 Mose 22).

*Wahrlich, wahrlich, ich sage euch: Wenn das Weizenkorn nicht in die Erde fällt und stirbt, bleibt es allein; wenn es aber stirbt, bringt es viel Frucht. Wer sein Leben liebt, verliert es; und wer sein Leben in dieser Welt hasst, wird es zum ewigen Leben bewahren* (Joh 12,24-25).

In diesem geistlichen Aufbruch prüft Gott unser Christsein, unsere Gemeinde und unsere Dienste. Sind uns unsere Dienste wichtiger als unsere persönliche Beziehung zu Jesus? Gott wird unsere Welt erschüttern, bis nur mehr das Unerschütterliche bleibt und ihm allein gehört. Geben Sie Jesus Christus Ihr Bestes als Opfer hin. Wenn das, was Sie ihm geben, von Gott ist, wird er es allein durch seine Kraft auferwecken. Das ist der Unterschied zwischen dem Predigen des Kreuzes und dem Leben des Kreuzes, wie ich schon vorher erwähnt habe.

Warum nun all diese Opfer? Warum sollen wir unser Allerbestes aufgeben?

*... dass sich vor Gott kein Fleisch rühme. Aus ihm aber kommt es, dass ihr in Christus Jesus seid, der uns geworden ist Weisheit von Gott und Gerechtigkeit und Heiligkeit und Erlösung; damit, wie geschrieben steht: „Wer sich rühmt, der rühme sich des Herrn!"* (1 Kor 1,29-31).

## Das Blut!

Es gibt noch einen anderen Grund, warum die Botschaft vom Kreuz so mächtig ist: weil sie Blut beinhaltet, das Blut Jesu! Wenn jemand alles gibt, gibt er sein Blut. Die Quelle des Lebens ist im Blut. Wenn Sie einen Arm oder ein Bein verlieren würden, könnten Sie trotzdem überleben und weiterleben. Wenn Sie dagegen zu viel Blut verlieren, sterben Sie. Deshalb war das Opfer Jesu das höchste und endgültige Opfer. Ans Kreuz zu gehen bedeutete, Blut zu vergießen!

Im Alten Testament musste eine Person ein Tier opfern, um ihre Sünden zu bedecken. Jesus wurde das endgültige Opfer, welches das alttestamentarische Ritual der Tieropfer zur Sündenvergebung abschaffte. Jesus schaffte nicht das Gesetz ab, dass es ein Opfer geben musste, sondern erfüllte das Gesetz, indem er selbst zu diesem Opfer wurde. Jesu Opfer war größer, weil sein Opfer die Sünden nicht nur bedeckte, sondern sie austilgte, so, als hätten sie nie existiert. Das ist ein großer Unterschied! Es ist ein viel besseres Opfer. Da das Blut die Quelle unseres Lebens ist, ist das Blut Jesu unsere einzige Quelle des ewigen Lebens, die uns von unseren Sünden rettet. Ohne dieses Blut würden wir in unseren Sünden geistlich sterben, was zum vollständigen Tod führen würde.

Viele Religionen auf der ganzen Welt benützen bei ihren Ritualen Blut. Der Satanismus ist bekannt dafür, Tiere und sogar Menschen zu opfern. Dies beweist, dass Menschen tief in ihrem Innern wissen, dass es ein Blutopfer braucht, um die Dinge in ihrem Leben wieder in Ordnung zu bringen. Sie wissen, dass etwas mit ihrer Beziehung zum Schöpfer nicht in Ordnung ist. Also benutzen die Leute bei ihren Ritualen Blut, weil sie wissen, dass es das mächtigste Symbol darstellt, ohne das die Menschen nicht überleben können.

Was sie nicht verstehen, ist, dass der Preis bereits durch das eine endgültige Blutopfer von Jesus bezahlt wurde. Er hat das Ritual abgeschafft, dass wir uns ein eigenes Opfer für unsere Sünden beschaffen mussten. Wir müssen uns nicht mehr anstrengen, unser eigenes Opfer zu bringen; es wurde schon dargebracht!

Vor einigen Jahren führte mich der Heilige Geist mit einigen Freunden aus meiner Bibelschule am Halloween-Abend hinaus, um Zeugnis zu geben. Der Ort war ein bekannter Treffpunkt für junge Erwachsene und Teenager, die Zauberei und Satanismus betrieben. Sogar einige der Geschäfte dort gehörten Satanisten. In dieser Nacht trugen viele ihre Halloween-Masken und hatten ihrer Meinung nach eine „gute Zeit". Bevor wir hinausgingen, fasteten und beteten wir, da wir wussten, dass es nach Mitternacht Sünden und auch dämonische Opfer geben würde. Die besorgten Christen warnten uns alle, nicht hinauszugehen, da es gefährlich wäre. Wir gehorchten jedoch dem Heiligen Geist, setzten unser Vertrauen auf Gott und ließen uns nicht von der Angst bestimmen.

Ein junges Mädchen stieg aus einem geparkten Auto aus und betrat den Gehweg. Sie sah aus wie eine Hexe. Der Heilige Geist offenbarte mir, dass dies kein Kostüm war – sie war eine Hexe. Er wies mich an, sie anzusprechen. Ich sagte ihr, dass Jesus sie liebte, aber sie zuckte nur verächtlich ihre Schultern. Dann gab ich ihr ein Wort der Erkenntnis weiter, das sie und auch mich verblüffte. Ich sagte: „Du musst keine Opfer mehr bringen. Jesus war das endgültige Opfer!" Bei diesem Wort schrie sie auf, bekam einen Wutanfall und dämonischer Zorn sowie große Angst überfielen sie. Sie schrie immerzu: „Das ist eine Lüge! Wer hat dir gesagt, dass ich das getan habe?"

Gleich darauf rannte sie weg und zog die ganze Aufmerksamkeit der Leute auf der Straße auf sich. Sie war vom lebendigen Gott ertappt worden! Gott wollte sie wissen lassen, dass nichts vor seinen Augen verborgen ist, und dass es einen besseren Weg gibt. Satan hat große Angst vor dem Blut! Das Blut Jesu am Kreuz war der Grund, dass er den Kampf um die verlorenen Seelen ein für allemal verloren hat. Dieses Blut erinnert ihn stets an seine Niederlage und an sein baldiges Gericht. Wenn Sie das Blut Jesu in Anspruch nehmen und seine Bedeutung verstanden haben, haben Sie vollständigen Schutz und große Kraft gegen Satan.

*Und sie haben ihn überwunden wegen des Blutes des Lammes und wegen des Wortes ihres Zeugnisses, und sie haben ihr Leben nicht geliebt bis zum Tod!* (Offb 12,11).

Die Botschaft vom Blut muss gemeinsam mit dem Kreuz gepredigt werden. Sie ist die grundlegende Wahrheit, durch die der Mensch gerettet werden kann und die zu Erweckung führt. In dieser neuen Bewegung des Geistes offenbart Gott den Menschen wieder neu, was sein Blut bedeutet.

Die meisten Menschen nehmen das Abendmahl mit einem Gefühl von Religiosität und Feierlichkeit ein. In einem gewissen Sinn sind viele unserer Abendmahlsgottesdienste eher wie Begräbnisgottesdienste für den Tod Jesu: Wir beweinen seinen Tod und sein Leiden, anstatt seinen Sieg zu feiern, den sein Blut repräsentiert. Christen nehmen oft aus Furcht nicht am Abendmahl teil, weil sie denken, sie hätten eine bestimmte Sünde noch nicht wirklich überwunden. Ihnen wurden beigebracht, dass sie nicht am Abendmahl teilnehmen dürfen, wenn es Sünde in ihrem Leben gibt, die sie nicht überwunden haben. Dies ist eigentlich eine falsche Lehre, die Menschen über viele Jahre hinweg gebunden hat! Wir sollten sogar zum Tisch des Herrn rennen, wenn es eine Sünde gibt, die wir überwinden müssen! Warum? Weil wir sagen können: „Jesus, vergib mir meine Sünden. Ich kehre um und nehme diesen Kelch in Erinnerung an den Preis, den du für meine Sünden bezahlt hast." Große Freude wird folgen!

Wir haben während dem Abendmahl sowohl Befreiungen und Ausbrüche großer Freude als auch körperliche Heilungen erlebt, wenn man den Menschen die wahre Bedeutung des Blutes vermittelt. Heute ist das Abendmahl für uns eine aufregende und mächtige Zusammenkunft, bei der wir Gemeinschaft mit Jesus haben und seine Gegenwart erwarten.

Das Abendmahl zu nehmen, ist wie Wäsche waschen. Normalerweise legen wir unsere Wäsche in die Waschmaschine, wenn sie schmutzig ist. Christen haben jedoch Angst, irgendjemand könnte sehen, dass sie noch ein Problem mit Sünde haben, und deshalb legen sie ihre Wäsche nur dann in die Waschmaschine, wenn sie sie für sauber halten. Das klingt verrückt, aber so nehmen die meisten Christen heutzutage das Abendmahl. Diejenigen, die sich gerechtfertigt vorkommen, nehmen es, da sie denken, ihre Wäsche sei sauber. Satan hat hart daran gearbeitet, die Offenbarung über das Blut zu verdrehen, weil er weiß, dass wir, sobald wir sie wirklich verstehen, einen großen Triumph ausleben werden und er eine noch größere Niederlage einstecken wird.

Aufgrund dieser Offenbarung über das Blut nehmen meine Frau und ich von Zeit zu Zeit gerne zuhause gemeinsam das Abendmahl. In diesen Zeiten erleben wir oft großartige Begegnungen mit Gott und viel Freude und werden vom Herrn erneuert.

*Ich sage euch aber, dass ich von nun an nicht mehr von diesem Gewächs des Weinstocks trinken werde bis zu jenem Tag, da ich es neu mit euch trinken werde in dem Reich meines Vaters* (Mt 26,29).

Jesus meinte damit, wenn er diesen Kelch erneut trinken würde, würde er dies im Sieg und voller Freude im Himmel sitzend tun. Wenn Sie diesen Kelch nehmen, nimmt Christus in einem sehr reellen Sinn auch daran teil. Er sagte, dass er ihn erneut trinken werde. Dies ist der neue Wein der Freude! Das Wort *neu* in dieser Passage bedeutet „wieder". Wenn wir das Abendmahl nehmen, nimmt Jesus in Wirklichkeit mit uns daran teil – nicht in seinem Leiden, sondern in seiner Freude und seinem Sieg, von seiner gegenwärtigen Position im Himmel aus. Wenn Sie Reinigung, Heilung oder Befreiung brauchen, dann laufen Sie zum Abendmahlstisch und haben Sie Gemeinschaft mit Jesus. Lassen Sie zu, dass sein Blut Sie verändert und Sieg in ihr Leben bringt.

Das ist der neue Wein des Heiligen Geistes! Er ist auch ein Symbol für das Große Hochzeitsmahl, das wir mit ihm im Himmel haben werden. Ich versichere Ihnen, dass dies keine Zeit der Trauer und der Trübsal sein wird! Es wird das Fest aller Feste sein! Nur zu! Trinken Sie erneut aus dem Abendmahlskelch. Er ist der Kelch des neuen Weines! Sie müssen nicht einmal bis zum regulären Abendmahlsgottesdienst in Ihrer Gemeinde warten. Sie können dieses Abendmahl und diesen neuen Wein jederzeit auch zuhause mit Ihrer Familie bzw. alleine nehmen. Indem er uns nun die wahre Kraft seines Blutes offenbart hat, hat er den besten Wein wirklich bis zum Schluss aufbewahrt.

# KAPITEL 10

# Der Feigenbaum und der Weinstock

*Denn der Baum trägt seine Frucht, der Feigenbaum und der Weinstock geben ihren Ertrag* (Joel 2,22).

Der neue Wein fließt über und das Hochzeitsfest ist in vollem Gange. Immer wieder kommen neue Gäste dazu. Nun muss die Braut sicherstellen, dass sie inmitten all dieser Freude nicht vergisst, ihre Eltern zu ehren und dafür zu sorgen, dass der neue Wein auch ihnen serviert wird. Sie waren ja diejenigen, die ihr das Leben geschenkt haben, und ohne sie würde es nichts zu feiern geben. Bevor das Fest vorbei ist, müssen auch sie eingeladen werden, damit sie ebenfalls an dieser Freude teilhaben können, welche sie in ihrer Jugend genauso gekannt haben.

Die Eltern der Braut stehen symbolisch für Israel und das jüdische Volk. In einem gewissen Sinne haben sie uns in das Königreich Gottes hineingeboren, da sie als erste die Rettung empfangen und sie dem Rest der Welt weitergegeben haben. Der Feigenbaum war schon immer ein Symbol für Israel, während sich der Weinstock auf die Gemeinde bezieht. Nun, in dieser entscheidenden Zeit der Erneuerung müssen wir unsere Aufmerksamkeit auch auf den Feigenbaum richten und sollten Israel nicht vergessen. Seite an Seite werden wir Frucht bringen und wachsen und unsere

Bestimmungen erfüllen. Dieses Thema ist so ungemein wichtig, falls wir es wirklich ernst damit meinen, Gottes Absichten in dieser Zeit auszuführen.

Ursprünglich hatte ich nicht vor, dieses Kapitel ins Buch einzufügen, weil mir bewusst ist, dass dies – wie auch in der Vergangenheit – ein sehr umstrittenes Thema in der Gemeinde ist. Ich war mir nicht sicher, ob die Leute schon für diese Offenbarung bereit sind. Dennoch legte es Gott mir weiterhin aufs Herz, dass die derzeitige Erneuerungsbewegung im Kontext mit Gottes Zielen als Ganzes gesehen werden muss und dass es nun an der Zeit ist, etwas bezüglich dieses Themas zu schreiben. Ungeachtet dessen war das Schreiben dieses Kapitels ein geistlicher Kampf. Der Grund dafür war, wie ich bald herausfand, dass es Gottes Wunsch war, diesen Aspekt in mein Manuskript aufzunehmen, während die Mächte der Finsternis das verhindern wollten. Mehrmals wurde ich nachts vom Herrn aufgeweckt, damit ich mit dem Schreiben dieses letzten Kapitels beginnen würde. Schließlich wachte ich dann wirklich auf und schrieb bis vier Uhr morgens, da der Schreibstift einfach weiterzuschreiben schien und der Heilige Geist mir andauernd Weiteres zu diesem Thema offenbarte.

Wir müssen wirklich ein prophetisches Verständnis für die Zeit bekommen, in der wir leben, und unsere Verantwortung als Braut erkennen. Früher oder später müssen wir uns mit dem Sachverhalt „Israel und die Gemeinde" befassen. Erst danach wird die Gemeinde ihr letztes Mandat wahrhaftig erfüllen können, ohne auf halbem Weg stecken zu bleiben. Die beste Art und Weise, Konflikte in Bezug auf einen Punkt zu vermeiden, ist nicht, ihnen aus dem Weg zu gehen, sondern demütig die Weisheit und Offenbarung des Herrn zu suchen. Obwohl die Thematik „Israel und die Gemeinde" womöglich nicht von allen angenommen wird, sollten wir es nicht zulassen, dass dadurch Gottes Volk getrennt wird.

In 1. Chronik 12,32 heißt es, dass die Männer von Issachar eine spezielle Gabe hatten: Sie konnten die Zeiten richtig beurteilen und wussten, was Israel tun sollte. Die heutige Gemeinde braucht diese Gabe der Offenbarung wie nie zuvor. Wir müssen wissen, was Gott insgesamt wirkt und was die Verantwortung der Gemeinde ist, um die größte aller Ernten einbringen zu können. Sobald wir einmal ein prophetisches Verständnis der Zeiten haben, in denen wir leben, werden wir vorbereitet sein für das, was vor uns liegt. Es gibt immer noch Prophetien, die in unserer Generation erst noch erfüllt werden müssen.

Als der Heilige Geist zu Pfingsten ausgegossen wurde, half Petrus den Menschen mit seiner Predigt, die Zeiten zu verstehen, in denen sie sich befanden. In der Apostelgeschichte zitierte er die Prophetie Joels, wie wir bereits festgestellt haben:

*Und es wird geschehen in den letzten Tagen, spricht Gott, dass ich von meinem Geist ausgießen werde auf alles Fleisch ... Und es wird geschehen: Jeder, der den Namen des Herrn anrufen wird, wird gerettet werden* (Apg 2,17,21).

Schauen Sie sich einmal den Vers in Joel 3,5, den Petrus zitierte, näher an. Nehmen Sie sich einen Moment Zeit, holen Sie sich Ihre Bibel und lesen Sie mit. Petrus zitierte Joel 3,5 nicht vollständig, sondern stoppte mitten im Vers mit *„... Jeder, der den Namen des Herrn anrufen wird, wird gerettet werden"*. Warum zitierte er den Vers nicht ganz? Haben Sie je darüber nachgedacht? Die Antwort ist: weil sich der letztere Teil von Vers 5 nicht auf jene Zeit bezog. Dieser Teil der Schrift war noch nicht erfüllt worden. Der Pfingsttag war nur der Beginn von vielen Erweckungen, die durch die Geschichte hindurch eine Aufwärtsspirale geschaffen haben, welche in unserer Generation gipfelt. Schauen wir uns an, was Petrus im letzten Teil von Joel 3,5 ausgelassen hat und wie sich dies direkt auf unsere Zeit bezieht:

*... Denn auf dem Berg Zion und in Jerusalem wird Rettung sein, wie der HERR gesprochen hat, und unter den Übriggebliebenen, die der HERR berufen wird* (Joel 3,5b).

Es bedeutet wortwörtlich das, was gesagt wird: Wenn Erweckung kommt und Menschen gerettet werden und in Jerusalem und auf dem Berg Zion (dem Gebiet, wo der Tempel gestanden hat) eine große Ernte von Menschen ausbricht, dann wird die Prophetie Joels erfüllt sein!

Als wir in Israel waren, staunten wir darüber, dass sich so viele Juden bekehrten. Es gibt buchstäblich Hunderte und sogar Tausende Juden in Israel und Russland, die in den letzten Jahren Jesus als ihren Messias angenommen haben und dies geht kontinuierlich weiter! Normalerweise erleben die lokalen messianischen Gemeinden vielleicht alle sechs Monate, dass sich jemand bekehrt – wenn sie Glück haben. Leiter und Pastoren in Israel sagen, dass es im Jahr 1994 in Israel und in Jerusalem einen gewaltigen Durchbruch in der geistlichen Welt gegeben hat. Die Statistiken beginnen sich umzukehren. Menschen in Israel werden nun in einem Tempo gerettet, wie es seit der Apostelgeschichte vor 2000 Jahren nicht geschehen ist. Etwas Neues passiert gerade!

Jedes Mal, wenn wir nach Israel reisen, führen wir jemanden zum Herrn. Im Jahr 2005 besuchten wir ein New-Age-Festival in Galiläa, bei dem ähnlich wie bei Woodstock über 20.000 Israelis zusammenkamen. Links und rechts von uns führten wir die Leute zu ihrem jüdischen Messias. Ein anderes Mal im selben Jahr, als wir Leute im Jordan tauften, fragte uns der israelische Sicherheitsmann, was er tun müsse, um die gleiche Liebe und Kraft zu erleben, die er während der Taufen gesehen hatte. Er nahm Jesus (Jeschua) an und wir tauften ihn gleich dort. Andere Freunde von uns, wie z.B. Sid Roth, erlebten, dass sowohl in Israel als auch in den USA bei einer einzigen Veranstaltung sehr viele russische Juden zum Glauben kamen! Alle diese Zeugnisse stammen lediglich aus den letzten drei Jahren. Tatsächlich erlebten wir im Oktober 2009, dass bei einem einzigen Treffen in Nordisrael 35 Leute gerettet wurden.

Das Buch Joel und die meisten Bücher in der Bibel waren ursprünglich, als sie verfasst wurden, nicht in Kapitel und Verse eingeteilt. Gleich der nächste Vers in Joel 4,1 offenbart sogar noch mehr:

*Denn siehe, **in jenen Tagen und zu jener Zeit, wenn ich das Geschick Judas und Jerusalems wenden werde** ... das sie unter die Nationen zerstreut haben* (Joel 4,1-2).

Was genau bedeutet dies? Als Petrus aus dem Buch Joel predigte, waren die Juden noch nicht von ihrer Nation bis ans Ende der

Welt zerstreut worden. Hätte Petrus über den Rest von Joel gepredigt, hätte es damals für sie keinen Sinn ergeben bzw. es hätte nicht für sie gegolten, da sie noch nicht vollständig zerstreut worden waren. Aus diesem Grund leitete Gott Petrus so, dass er diesen Teil der Offenbarung aus seiner Predigt ausließ. Es sollte erst in unserer Zeit offenbart und erfüllt werden.

Israel wurde 1948 schließlich wieder als Nation anerkannt, als vor allem Juden aus Europa einwanderten, um einen eigenen Staat zu gründen. Seitdem sind ohne Unterlass Massen von Juden aus praktisch jeder Nation der Welt nach Israel eingewandert. Es passiert direkt vor unseren Augen. In den letzten Jahren kam die bisher größte Anzahl von Juden aus Russland und den umliegenden Ländern im nördlichen Teil der Welt. Eine andere interessante Beobachtung ist, dass die Mehrheit der Juden, die in Israel gerettet werden, jene sind, die kürzlich aus Russland und dessen Nachbarländern gekommen sind – und junge Israelis im Allgemeinen.

Verschiedene Gründe veranlassen sie, die Länder zu verlassen, in denen sie gelebt haben: wirtschaftliche Nöte, schwierige Lebensumstände und Verfolgung. Einige von diesen Gründen gleichen denen, die dazu führten, dass die Juden im berühmten Exodus im Alten Testament Ägypten verließen. Was immer ihre persönlichen Gründe sein mögen, sie erfüllen das, was vor langer Zeit prophezeit wurde. Die Schriften bestätigen sogar, dass das, was wir heute erleben, wirklich prophetisch ist:

*Darum siehe, Tage kommen, spricht der HERR, da wird man nicht mehr sagen: So wahr der HERR lebt, der die Söhne Israel aus dem Land Ägypten heraufgeführt hat! – sondern: So wahr der HERR lebt, der die Söhne Israel aus dem Land des Nordens heraufgeführt hat und aus all den Ländern, wohin er sie vertrieben hatte! Und ich werde sie in ihr Land zurückbringen, das ich ihren Vätern gegeben habe* (Jer 16,14-15).

Wir müssen in der nahen Zukunft erst noch erleben, wie die verbleibenden Juden aus dem Rest der Welt nach Israel gesammelt werden. Es wird noch beeindruckender sein und es werden noch mehr sein als im großen Exodus aus Ägypten.

In Joel 4,1 heißt es: *„in jenen Tagen und zu jener Zeit ..."* Wann genau sind *„jene Tage"* und ist *„jene Zeit"*? Sie ist gekommen, wenn

1. der Heilige Geist in seiner Fülle weltweit ausgegossen wird (vgl. Joel 3,1),

2. inmitten einer weltweiten Ausgießung des Heiligen Geistes das Volk Gottes durch frische prophetische Salbungen bevollmächtigt wird (vgl. Joel 3, 1-2),

3. Zeichen am Himmel und auf der Erde geschehen, womit Natur- und andere Katastrophen auf der Erde gemeint sind (vgl. Joel 3, 3-4),

4. eine weltweite Ernte unter den Heidennationen stattfindet (vgl. Joel 3,5a),

5. die Juden in großer Anzahl aus anderen Nationen wieder in ihr Heimatland kommen (vgl. Joel 4,1; Jer 16,15 und viele andere Stellen),

6. sich Juden in Jerusalem und im übrigen Israel (einschließlich jene mit politischem und religiösem Einfluss in der Nation) in großer Anzahl bekehren und wie nach Pfingsten wieder Erweckungen ausbrechen werden (vgl. Joel 3,5b).

Nie zuvor in der Weltgeschichte waren diese Bedingungen in der Schrift und im Buch Joel ihrer völligen Erfüllung so nahe wie jetzt. Könnte die jetzige Erneuerungsbewegung Teil der letzten Ausgießung vor der Rückkehr unseres Herrn Jesus Christus sein? Entscheiden Sie selbst! Auf jeden Fall leben wir in sehr strategischen Zeiten und müssen das Beste aus jeder Gelegenheit machen.

*Und danach wird es geschehen, dass ich meinen Geist ausgießen werde über alles Fleisch ...* (Joel 3,1).

Meines Wissens nach hat in der Kirchengeschichte noch nie eine Erweckung stattgefunden, wie wir sie seit 1994 erleben: In vielen verschiedenen Nationen begann die Erneuerung praktisch im selben Monat und Jahr und hatte zur gleichen Zeit ähnliche geistliche Auswirkungen. Geschichtlich betrachtet, benutzte Gott jeweils immer nur eine Nation, um Erweckung herbeizuführen. Danach breitete sie sich auf andere Nationen aus, und dies viel langsamer, als wir es heute erleben. Es scheint so, als ob Gott eine Blitzaktion gestartet hätte, um den Prozess zu beschleunigen, indem er den neuen Wein zur gleichen Zeit auf viele Nationen ausgießt. Als Hector Gimenez, der Pastor einer damals 150.000 Mitglieder zählenden Gemeinde in Argentinien, gefragt wurde, warum in seinem Dienst und in seiner Nation am Höhepunkt der Erweckung in Argentinien in so kurzer Zeit eine so unglaubliche Ernte stattfand, sagte er: „Gott hat es eilig."

Wie wir in diesem Abschnitt in Joel und durch die Schrift hindurch klar sehen können, stehen die Worte *Jerusalem* und *Israel* nicht nur symbolisch für die Gemeinde, sondern haben auch eine wortwörtliche Bedeutung. In diesen Bibelstellen beziehen sich die Ausdrücke auf die Nation Israel, noch bevor die nichtjüdische Gemeinde überhaupt gegründet wurde. Einige dieser Prophetien in Bezug auf das heutige Israel müssen erst noch erfüllt werden.

Jahrelang war das Thema Israel Zentrum vieler Kontroversen und Verwirrungen. Warum? Ein Grund ist der, dass Israel als Nation in der Sicht der Welt bis 1948 nicht existierte. Wenn es in der Vergangenheit größere geistliche Aufbrüche gab, wurde das Wort *Israel* oft auf die Kirche bzw. Gemeinde insgesamt bezogen. Die Kirche dachte, *Israel* würde sich ausschließlich auf die Gemeinde beziehen, weil Gott in der Gemeinde wirkte und das physische Israel als Nation noch nicht existierte. Damals erachteten die Christen es als absurd, den Ausdruck *Israel* auf eine Nation zu beziehen, die nicht existierte – und auch scheinbar nie existieren würde.

So, wie die Juden blind dafür wurden, dass Jesus ihr Messias ist, wurde die Gemeinde blind für die Offenbarung, wie das physische Israel ins Gesamtbild passt. Nun aber wird es offenbar. Wenn man die Bibel durchgeht und sich die Abschnitte ansieht, die sich in zweifacher Bedeutung auf Israel, nämlich auf das physische und geistliche Israel, beziehen, erstaunt es einen, wie viel mehr an Offenbarung man darüber empfangen kann! Diese Verse haben sowohl für heute als auch für die nahe Zukunft Gültigkeit.

Im Übrigen ist es interessant zu bemerken, dass das Wort *Israel* 2.500 Mal im Alten Testament und 29 Mal im Neuen Testament erwähnt wird. Auch nicht ein einziges Mal wird das Wort *Israel* in diesen Stellen dafür gebraucht, die Gemeinde zu beschreiben. Auch das Wort *Jude* wird 84 Mal im Alten und 192 Mal im Neuen Testament verwendet. Das Wort *Christ* kommt in der gesamten Bibel nur dreimal vor. Aufgrund dessen tun wir gut daran, das Wort Gottes mit einem offenen Ohr für die Nation Israel zu studieren.

Fast jede biblische Prophetie in Bezug auf die Nation Israel wurde erfüllt. Noch ausständig sind einige zukünftige größere Ereignisse und Kriege, (wie die Kriege von Gog and Magog und Armageddon, um ein paar zu nennen), in denen Israel bestehen bleiben wird, seine Feinde jedoch vernichtet werden. Die verbleibenden, Israel betreffenden Prophetien, müssen sich erst noch erfüllen. Ich bezweifle ernstlich, dass Gott seine Verheißungen an die Nation Israel zurückzieht, wenn er alle anderen erfüllt hat. Somit können wir ein besseres Bild davon bekommen, wo wir uns prophetisch gerade befinden. Das hilft uns, ein prophetisches Auge auf die Nachrichten und das Wort Gottes bezüglich Israel und diejenigen zu werfen, die den Gott Israels anbeten, nämlich die Gemeinde!

*Denn ich will nicht, meine Brüder, dass euch dieses Geheimnis unbekannt bleibt, damit ihr euch nicht selbst für klug haltet: Israel ist zum Teil Verstockung widerfahren, bis die Vollzahl der Heiden eingegangen ist; und so wird ganz Israel gerettet werden, wie geschrieben steht ... (Röm 11,25-26).*

Die Ausdruck, die *Vollzahl der Heiden*, die noch eingehen soll, bezieht sich auf weltweite Erweckungen und eine große Ernte, von denen einige schon stattfinden und viele mehr noch in Vorbereitung sind. Das Wort *Israel* in dieser Passage kann sich nicht auf die Gemeinde beziehen, da bereits „die Fülle der Heiden" darauf Bezug nimmt, welche hereinkommen wird und womit die Gemeinde gemeint ist. Die Gemeinde, wie wir sie heute kennen, besteht hauptsächlich aus Nichtjuden, die gerettet werden. Und folglich kann *Israel* nur das physische Israel bedeuten, was in diesen Schriftstellen sehr klar zum Ausdruck kommt. Dies zeigt den zweifachen Aspekt des Missionsbefehls.

*Seht, euer Haus wird verlassen sein und verwüstet daliegen. Denn ich sage euch: Von jetzt an werdet ihr mich nicht mehr sehen, bis ihr ruft: „Gesegnet sei er, der im Namen des Herrn kommt!"* (Mt 23,38-39 NGÜ).

Jesus betonte dabei die Tatsache, dass Israel seinen langersehnten Messias nicht sehen würde, bis es rufen würde: *„Gesegnet sei er, der im Namen des Herrn kommt!"*, und Christus annehmen würde. Dies bezieht sich auf die Zeit, in der Israel wieder belebt werden und durch Jesus Christus, ihren Messias, Rettung empfangen wird, bevor er wiederkommt. Der zweifache Auftrag ist, dass alle heidnischen Nationen dieses Evangelium hören müssen und ebenso die Nation Israel, die eine beachtliche Erweckung erleben wird, sobald die Ernte der Heiden abgeschlossen ist. Dass beide, die Heidenvölker und das physische Israel gerettet werden, sind ausschlaggebende Aspekte, die zuerst erfüllt werden müssen, damit der Missionsbefehl erfüllt werden kann.

Zu der Zeit, als Jesus im obigen Vers sagte, dass Israels Tempel verwüstet werden würde, stand sein Tempel noch in Jerusalem. Es war ein prophetisches Wort an Israel, dass ihr Tempel in der späteren Zeit als Ort der Rettung nicht mehr existieren würde. Es war auch eine Warnung in Bezug auf die Zerstörung des Tempels. Trotzdem bestaunten die Jünger immer noch den Tempel. Daraufhin fuhr Jesus fort, prophetisch zu ihnen zu sprechen, damit sie das Schicksal ihres Tempels klar verstehen würden.

*Er aber antwortete und sprach zu ihnen: Seht ihr nicht dies alles? Wahrlich, ich sage euch: Hier wird nicht ein Stein auf dem anderen gelassen werden, der nicht abgebrochen werden wird* (Mt 24,2).

Israels Tempel, der mehrere Male zerstört wurde, existiert momentan nicht. Eine gigantische Moschee dominiert die antike Stätte. Dies ist für die Juden eine große Not, denn sogar, wenn sie ihren alttestamentlichen Ritualen bis ins Kleinste folgen, können sie nach ihrem eigenen Gesetz keine Rettung empfangen. Der einzige Weg, wie Juden ihre Sünden dem Gesetz zufolge bedecken können, ist, regelmäßig ein Lamm für ihre Sünden im Innern des Tempels opfern. Der Tempel muss an der Tempelstätte stehen, zu der sie momentan keinen Zugang haben. Würden sie irgendwo anders ein Tieropfer bringen, würde dies nicht den Anforderungen entsprechen! Dem Gesetz zufolge sind sie zur Vernichtung verurteilt, sie können die Rettung nicht erben – und sie wissen es, weil sie keinen Tempel haben. Daran werden sie immer erinnert, wenn sie den Verlust dieses Tempels an der Klagemauer beweinen, dem Ort, an dem ihnen erlaubt ist zu beten, und welcher ursprünglichen Tempelstätte am nächsten ist.

Es gibt nur eine Lösung für Israels großes Problem, ein Opfer zu finden! Wenn ihnen an dieser Stelle gesagt wird, dass sie anstatt der ewigen Verdammnis Jesus als Opfer für ihre Sünden annehmen können, gibt es ihnen Hoffnung. Dies ist ein bedeutsamer Faktor, der dazu beiträgt, dass immer mehr Israelis gerettet werden. Viele Juden haben die Hoffnung verloren, Gott durch ihre religiösen Rituale näherzukommen, obwohl sie die Traditionen ihrer Vorfahren respektieren. Gott lässt die Nation Israel in unserer Generation für eine große Ernte reifen, damit die biblische Prophetie erfüllt wird!

Als ich auf den Straßen von Jerusalem dem jüdischen Volk die Gute Nachricht über den Messias verkündigte, hatte ich dieses Szenario klar vor Augen. Einmal fingen sechs religiöse jüdische Mädchen, die von Geburt Israelis waren, an zu weinen, als ihnen der Heilige Geist diese Wahrheit offenbarte. Ihre Augen wurden dafür geöffnet, dass Jesus, ihr echter Messias, ihre einzige Hoffnung war, und nicht die Tempelopfer, auf die jeder religiöse Jude wartet, um von seinen Sünden gerettet zu werden. Meine Schwester Melissa, die bei diesem Einsatz dabei war, stand neben mir und betete für ihre Rettung. Ich sprach das Übergabegebet mit ihnen. Es war eine der aufregendsten Bekehrungen, die ich je erlebt habe! Am Ende kam der Sieg! Erst später informierte mich ein anderer Fürbitter, dass ein anderer religiöser Jude schon mit geballter Faust unterwegs war, um mich außer Gefecht zu setzen. Gottes

Schutz hatte mich umgeben. Gott sei Dank für Gebetskämpfer! Nur der Heilige Geist konnte den Mädchen diese Wahrheit offenbart und den Schleier beiseitegeschoben haben, damit sie gerettet wurden.

Die Juden werden ihren Tempel schlussendlich wiederhaben, wie es die Schrift für die späteren Zeiten prophezeit. Sie werden wieder in ihrem Tempel opfern, doch nur damit er durch *„den verwüstenden Gräuel"* beschmutzt und entweiht wird, wie es in der Offenbarung und im Buch Daniel prophezeit wird (vgl. Dan 11,31;12,11). Nach diesem Ereignis werden viele erkennen, dass Jesus wirklich das einzig mögliche Opfer ist und die Nation Israel wird an einem Tag gerettet werden. Dies bezieht sich auch auf die religiöse und politische Gemeinschaft, die diese Wahrheit schließlich akzeptieren und Buße tun wird.

Die Zeiten beschleunigen sich. Wir sollten uns nicht damit aufhalten, wann genau Jesus wiederkommen wird, sondern jeden Moment dafür bereit sein und uns an die Arbeit machen, weil wir sehen, dass dieser Tag schnell herbeikommt. Es ist kein Wunder, dass Gemeinden in Israel den neuen Wein, der sie für die Ernte vorbereitet, ebenso erleben. Einige von diesen Pastoren und Leitern unternahmen Reisen nach Nordamerika und in andere westliche Länder, wo gerade Erneuerung stattfand und brachten diesen Segen in ihre Gemeinden zurück. Wir, die wir die Rettung und eine frische Berührung seiner Liebe und Freude durch den neuen Wein haben, werden Israel eifersüchtig machen, damit sie ihren Gott kennenlernen wollen. Diese Eifersucht wird ein wesentlicher Bestandteil des Missionsbefehls sein, wie wir es im Römerbrief sehen:

> *Aber ich frage: Hat es Israel nicht erkannt? Schon Mose sagt: „Ich will euch zur Eifersucht reizen durch das, was kein Volk ist; durch ein unverständiges Volk will ich euch erzürnen"* (Röm 10,19 SLT).

Sind wir so voll vom neuen Wein des Geistes, wenn wir Christus verkünden, dass wir die Welt und Israel eifersüchtig machen nach dem, was wir haben? Haben Sie in letzter Zeit jemanden mit Ihrer

Beziehung zum Herrn eifersüchtig gemacht? Nur so wird die Welt gerettet werden – wenn wir von ihm voll werden! Je früher das geschieht, desto früher werden die Welt und Israel gerettet werden. Dann können wir dieses Kapitel in der Geschichte abschließen und heimgehen, um beim Herrn zu sein – und Millionen zu ihm mitnehmen! Wir leben in der Zeit einer bald bevorstehenden, weltweiten Ernte von Menschen. Viele der Patriarchen hätten sich gewünscht, dies in ihren Tagen zu erleben. Wir leben mitten in den aufregendsten Zeiten der Geschichte!

## Erweitern Sie Ihren Dienst

> *Denn der Baum trägt seine Frucht, der Feigenbaum und der Weinstock geben ihren Ertrag* (Joel 2,22).

Der *Weinstock* bezieht sich im Wort Gottes auf den Leib der Gläubigen, auf die Gemeinde (vgl. Joh 15). Der Feigenbaum war immer ein Symbol für die Nation Israel. Hier im Buch Joel bringen sie während der großen Ausgießung der Fülle des Heiligen Geistes, die wir gegenwärtig bereits erleben, gemeinsam Frucht. Indem die Gemeinde geistlich erneuert wird, blüht sie auf jegliche Weise auf. Gleicherweise fängt auch Israel durch das geistliche Aufblühen der Gemeinde zu blühen an. Dieser Abschnitt aus Joel 2 deutet auf eine gleichzeitige Wiederherstellung der Gemeinde und Israels hin. Es ist Gottes Wille, dass sie beide zusammen aufblühen und gemeinsam an ihrer Wiederherstellung wirken. Israels Überleben und sein Vermögen, seine Bestimmung zu erfüllen, nämlich der Ort der Wiederkehr des Messias zu sein, ist untrennbar mit der Gemeinde verbunden. Und die Gemeinde muss zur Erkenntnis kommen, dass ihre Bestimmung vor der Wiederkunft des Herrn, Jünger aus allen Nation zu machen, nicht ohne die Rettung von Israel vollendet werden kann.

Als Jesus den Feigenbaum verfluchte, der symbolisch für Israel steht, geschah es deshalb, weil der Baum keine Frucht brachte. Es war nicht die Zeit fürs Fruchtbringen (vgl. Mk 11,13-14,20-21). Nun ist der Feigenbaum (das heutige Israel) in der richtigen Saison zum Fruchtbringen, da die Frucht (die Menschen) zum Abpflücken reif wird. Menschen sind in Israel und der Welt reifer denn je, aber sie werden in der kommenden Zeit noch reifer werden. Joel 2,25-27 spricht über eine fortwährende Wiederherstellung der Nation Israels. Die Segnungen und Vorteile, die Gott Israel verheißt, wenn dessen Beziehung zu ihm in Ordnung ist, können auf jeden Gläubigen angewandt werden, der den Gott Abrahams, Isaaks und Jakobs durch seinen Sohn Jesus Christus anbetet.

Ich möchte, dass wir uns nun anschauen, wie Sie Ihr Leben und Ihren Dienst erweitern können, indem Sie einige einfache Wahrheiten anwenden, die der Gemeinde bis vor Kurzem verborgen waren.

*Nun frage ich: Sind sie etwa gestrauchelt, um nie wieder aufzustehen? – Auf keinen Fall! Vielmehr hat ihr Fehltritt den anderen Völkern die Rettung gebracht, um die Juden wiederum eifersüchtig zu machen.* ***Wenn nun schon die Welt durch ihren Fehltritt reich gemacht wurde und ihr Verlust für die anderen Völker einen großen Gewinn brachte, was wird es dann erst sein, wenn Israel in voller Zahl umkehrt?*** (Röm 11,11-12 NeÜ).

Paulus kannte das Geheimnis, von Gott gesegnet zu werden, sodass die Reichweite und Effektivität seines Dienstes erweitert wurde. Weil Israel das Evangelium abgelehnt hatte, sind wir, die „Heidengemeinde", gesegnet worden und blühen in jeder Hinsicht auf und konnten an allen reichen Verheißungen teilhaben, die ursprünglich nur für Israel vorgesehen waren. Können Sie mir soweit folgen? Die Segnungen hören hier aber nicht auf. Paulus fährt fort und erklärt: Wenn Israels Fall ein Segen für die Welt wurde, wie viel mehr werden wir gesegnet werden, wenn wir an der Fülle Israels, ihrer geistlichen Wiederherstellung, teilhaben können? Noch spezifischer: Wenn Sie an der Evangelisation Israels Anteil haben – entweder durch Gebet und Fasten für die verlorenen Menschen und für die christlichen Werke in Israel, indem sie die Evangelisation der Juden finanziell unterstützen oder selbst ein Zeuge für das jüdische Volk werden – dann werden Sie noch größere Segnungen empfangen als je zuvor. Genau das sagt dieser Vers aus.

Sonderbar scheint, dass die Mission des Apostels Paulus vorran-
ging die Heiden erreichen sollte. (Petrus hingegen wurde spezifisch zu den Juden gerufen.) Dennoch wusste Paulus um ein Geheimnis, das seine Fähigkeit erweitern würde, in seiner Berufung
für die Welt gesegnet zu sein: nämlich, wenn er die Juden erreichen würde. Der nächste Vers drückt dies deutlich aus.

*Denn ich sage euch, den Nationen: Insofern ich nun der Natio-
nen Apostel bin, bringe ich meinen Dienst **zu Ehren** ... (Röm
11,13).*

Auf diese Weise können wir unseren Dienst für die Heiden zu
Ehren bringen, wie Paulus es mit Gottes zusätzlichen Segen tat!

***Denn vielleicht kann ich dadurch mein eigenes Volk eifersüchtig
machen** und einige von ihnen retten. Denn wenn schon die Ver-
stoßung Israels der Welt die Versöhnung mit Gott brachte, was
wird dann erst Israels Wiederannahme bringen? Nicht weniger
als dass Tote lebendig werden (Röm 11,14-15 NeÜ).*

Paulus spricht in diesen Versen direkt zu den heidnischen Gläubigen. Er bestätigt seinen Dienst an den Heiden. Doch obwohl Paulus in erster Linie den heidnischen Nationen diente, vergewisserte
er sich immer, dass er auch die Juden in der lokalen Synagoge
erreichen konnte, gleich, in welchem Land er auch missionierte.
Diese Strategie hinderte die Juden nicht daran, bei zahlreichen
Anlässen auf ihn eifersüchtig und erbost zu werden. Gott ehrte
und erweiterte danach das Werk von Paulus in den anderen Nationen, wohin Gott ihn sandte, und ebenso segnete er seinen
schriftstellerischen Dienst – um es gelinde auszudrücken.

Was immer Ihr Dienst ist und zu welchen Menschen Sie von
Gott auch berufen wurden, rate ich Ihnen, die Weltmission zu
unterstützen. Segnen Sie jedoch auch Israel in irgendeiner Weise,
damit es gerettet wird, und Sie werden erleben, dass Ihr Dienst
und Ihr Leben in einer ganz neuen Weise gesegnet sein wird.
Durch die Anwendung dieses Prinzips in ihrem Dienst wurden
unzählige Männer und Frauen Gottes und ihre Dienste sehr gesegnet und sie konnten dadurch Massen erreichen. Durch ihre
Dienste kamen buchstäblich Hunderttausende Menschen zum

Glauben und wurden zu Jüngern gemacht. Sie segneten den Leib Christi auf der ganzen Welt. Die Effektivität von Diensten, die Israel segnen, vergrößert sich, wie Paulus im Römerbrief erklärt. Viele dieser Männer und Frauen werden zugeben, dass dieses Prinzip sehr zum Erfolg und zum Segen ihrer Dienste beigetragen hat.

Dieses Prinzip hat sehr viel damit zu tun, dass der neue Wein des Heiligen Geistes heute in der geistlichen Erneuerung ausgegossen wird. Wie viel mehr wird der neue Wein auf uns ausgegossen werden, wenn wir treu sind, unsere geistlichen Eltern zu ehren, und ihnen die Rettung anbieten? Dies ist einer der Wege, wie Sie diesen Segen der Erneuerung in die richtigen Bahnen leiten können, um die Welt zu erreichen. Gott wird Ihnen mehr vom neuen Wein geben, wenn er sieht, dass Sie ihn dazu benutzen, alle Völker, einschließlich Israel, zu segnen.

## Der Überrest

Wie schon erwähnt, war ich sehr überrascht, persönlich zu erleben, dass die Menschen in Israel dem Evangelium gegenüber so aufgeschlossen sind. Und ich wurde auch durch die vielen Berichte der in Israel tätigen Werke ermutigt. Menschen, die das Evangelium zuerst abgelehnt haben, werden nun in zunehmendem Maße gerettet. Ich habe mich gefragt, was dies wohl in Bezug auf das Gesamtbild bedeuten könnte. Also begann ich Gott zu fragen, warum dies jetzt in Israel passiert und wie dies mit der weltweiten Evangelisation zusammenhängt. Ich hatte immer gedacht, dass die große Ernte der Menschen und die endgültige Erweckung in Israel später in der Geschichte stattfinden würde – oder zumindest nachdem mehr Nationen die Rettung zum ersten Mal empfangen hätten. Wenn dies nun in Israel bereits anfängt, wie beeinflusst dies die Aufgabe der Gemeinde im Rest der Welt? Ich glaube, dass der Herr mir Folgendes gezeigt hat:

*Gott hat sein Volk, das es vorher erkannt hat, nicht verstoßen. Oder weißt du nicht, was die Schrift über Elia sagt, wie er mit Gott gegen Israel plädiert und sagt: „Herr, sie haben deine Propheten getötet, deine Altäre niedergerissen, und ich allein bin übrig geblieben, und sie trachten nach meinem Leben." Aber was sagt ihm die göttliche Antwort? „Ich habe mir siebentausend Mann übrig bleiben lassen, die vor Baal das Knie nicht gebeugt haben."* **So ist nun auch in der jetzigen Zeit ein Rest** *nach Auswahl der Gnade entstanden. Wenn aber durch Gnade, so nicht mehr aus Werken; sonst ist die Gnade nicht mehr Gnade* (Röm 11,2-5).

Ich bekam meine Antwort: Die Menschen, die derzeit gerettet werden, sind noch nicht Teil der großen Ernte. Sie sind lediglich die Erstlingsfrucht der kommenden größeren Ernte. Diese Menschen werden dem derzeitigen Überrest der Gläubigen nur hinzugefügt. Tatsache ist: Je mehr Menschen während der Erneuerung und den ersten Phasen einer Erweckung noch vor der großen Ernte gerettet werden, desto besser vorbereitet und zahlreicher werden wir sein, um die große Ernte einzubringen. In praktisch jeder Nation der Welt gibt es Gläubige, die der „Überrest" sind. Im Moment ist der Überrest im Vergleich zu den Nichtgläubigen klein.

Viele Gemeinden erleben derzeit eine Erneuerung, aber noch keine voll entfaltete Erweckung und auch noch nicht die letzte weltweite Ernte, zumindest gilt dies für die westliche Welt. Viele Menschen, die abgefallen sind, kommen nun erneut zum Herrn zurück und schließen sich diesem Überrest an, so, wie auch neue Gläubige dazukommen. Diese Gläubigen werden Teil des gegenwärtigen Überrestes, der dann in jeder Nation den Rest der Ernte einbringen wird. Gott braucht noch mehr dieser Gläubigen, die gerettet und gesalbt werden, damit die Massen geerntet werden können. Nur weil Ihre Stadt bzw. Ihr Land sich nicht im Stadium der Erweckung befindet, bedeutet dies nicht, dass Sie nicht bei jeder Gelegenheit, die sich bietet, hinausgehen und Menschen für Christus gewinnen sollten. Eigentlich sollten Sie, sobald Sie vom neuen Wein voll sind, auch Gelegenheiten dafür schaffen. Ich bin dankbar dafür, dass jemand nicht gewartet hat, bis eine volle Erweckung ausbrach, bevor er mich mit Jesus bekannt gemacht hat. Sind nicht auch Sie gleichermaßen dankbar dafür?

Wir brauchen nicht darauf zu warten, bis Erweckung kommt. Machen Sie sich auf und werden Sie erneuert. Und danach gehen

Sie hinaus und teilen Sie Ihren Glauben mit und fügen Sie weitere Gläubige zum Überrest hinzu, auch wenn es nur wenige sind. Diese wenigen werden bald sehr gebraucht werden, um Ihnen zu helfen, *die große Ernte* einzubringen. Der Statistik zufolge machen zum Beispiel die evangelikalen und protestantischen Christen in Frankreich weniger als zwei Prozent der Bevölkerung aus.[1] Stellen Sie sich vor, wenn die Erweckung jetzt beginnen würde und die ganze Nation bereit wäre, das Evangelium zu hören – gesetzt der Fall, jemand würde ihnen Zeugnis geben, solange sie noch offen dafür sind. Dieses gut eine Prozent müsste in relativ kurzer Zeit den mehr als 60 Millionen Menschen, die in Frankreich leben, das Evangelium bringen. Um effektiver zu sein, muss dieses eine Prozent – der Überrest – wachsen. Die Erneuerung vor der großen Ernte hat in Frankreich bereits begonnen!

Dasselbe Prinzip gilt für jede Stadt bzw. Nation in der Welt. Gehen Sie hinaus und geben Sie Zeugnis von Jesus, indem Sie die Botschaft vom Kreuz mitteilen. Warten Sie nicht, bis die Ernte sie überwältigt. Jesus wusste, dass dieses Problem aufkommen würde, das es nicht genügend Jünger geben würde, um die Arbeit zu tun.

*Als er die Scharen von Menschen sah, ergriff ihn tiefes Mitgefühl; denn sie waren erschöpft und hilflos wie Schafe, die keinen Hirten haben. Da sagte er zu seinen Jüngern: „Die Ernte ist groß, doch es sind nur wenig Arbeiter da. Bittet deshalb den Herrn der Ernte, dass er Arbeiter auf sein Erntefeld schickt"* (Mt 9,36-38 SLT).

Jesus hatte diese Tragödie bereits vorhergesehen, wie jeder Bauer sie kennt, wenn die Ernte endlich reif ist, aber zu wenige Arbeitskräfte da sind, um sie ganz einzubringen. In Ländern wie Argentinien und China, die in den letzten Jahren eine beträchtliche Erweckung und Ernte erlebt haben, ist das Problem Nummer eins der Mangel an christlichen Leitern (Pastoren, Lehrer, Evangelisten,

---

[1] U.S. Department of State, Undersecretary for Democracy and Global Affairs, France, http://www.state.gov/r/pa/ei/bgn/ 3842.htm.
Siehe auch http://de.wikipedia.org/wiki/Protestantischer_Bund_von_Frankreich (22.04.2015). Anmerk. d. Übers.

Mitarbeitern usw.), um die Ernte einzubringen und die Menschen in der großen Ernte zu Jüngern zu machen.

Wir müssen uns auf dieses „Problem" vorbereiten und aus der Geschichte lernen. Gehen wir mit dieser neuen Freude der Erneuerung hinaus und benutzen wir sie, um den Überrest zu sammeln. Schauen Sie sich nach denjenigen um, die reif genug sind, um sich den derzeitigen Rängen der Gläubigen anzuschließen, die bei der Arbeit mithelfen. Lassen Sie sich mit der Salbung des neuen Weins derart auffüllen, dass Sie nicht anders können, als ein furchtloser Zeuge zu werden!

## Nutzen Sie die Gunst der Stunde

Nun, da wir die Zeiten verstehen, in denen wir uns befinden, und wissen, welch große Dinge Gott für die vor uns liegende Zeit vorbereitet hat, sollte uns nur noch eine Frage beschäftigen: „Wo kann ich beginnen, um ein Teil von all dem zu werden?" Ich glaube fest daran, dass wir die Gunst dieser Stunde in der Geschichte nutzen und das Beste daraus machen sollen. In den vergangenen geistlichen Aufbrüchen haben sich viele Menschen diese Gelegenheiten entgehen lassen, nur um es später zu bereuen. Gehen Sie hin und lassen Sie sich entleeren, erneuern, erfüllen und durch den neuen Wein neu salben. Gehen Sie noch tiefer, bis Gott Ihnen dieses brennende Feuer und diese Leidenschaft gibt, dass Verlorene gerettet werden. Gehorchen Sie allem, was der Heilige Geist Ihnen jeden Tag aufträgt. Erfüllen Sie jenen Ruf, jenen Traum und jene Vision, die Gott in Ihr Herz gepflanzt hat.

Gott wartet weltweit darauf, Männer und Frauen zuzurüsten, die der Welt unbekannt sind. Diese Massen von Gläubigen werden bald an den Frontlinien stehen und die Fackel der Erweckung um die Welt tragen. Es werden nicht die großen und bekannten Prediger sein, welche die Erweckung tragen werden. Sie sind an der Reihe! Sie treten nun in die Erweckung der Gesichts- und Namenlosen ein. Werden Sie sich dieser Armee anschließen? Dieser Armee geht es nicht darum, wer die Ehre bekommt, sondern nur darum, dass Jesus alle Herrlichkeit und Ehre bekommt. Die gegenwärtige

Erneuerung wird nicht aufhören, sondern weiterwachsen – wie auch Sie und Ihr Dienst, wenn Sie es zulassen. Alle Heiligen und Engel im Himmel sind in freudiger Erwartung und wollen sehen, wer den Mut haben wird, die letzte Meile der Erweckung zu laufen und die Fackel über die Ziellinie zu bringen. Tun Sie Ihrer Generation einen Gefallen und „packen Sie es an"! Werden Sie verzweifelt nach neuem Wein! Unserem Herrn Jesus Christus sei alle Herrlichkeit, alle Ehre und aller Lobpreis! So sei es.

*Da wir nun eine solche Wolke von Zeugen um uns haben, so lasst uns jede Last ablegen und die Sünde, die uns so leicht umstrickt, und lasst uns mit Ausdauer laufen in dem Kampf, der vor uns liegt, indem wir hinschauen auf Jesus, den Anfänger und Vollender des Glaubens, der um der vor ihm liegenden Freude willen das Kreuz erduldete und dabei die Schande für nichts achtete, und der sich zur Rechten des Thrones Gottes gesetzt hat* (Hebr 12,1-2 SLT).

# ZUM AUTOR

David Herzog ist der Gründer von *David Herzog Ministries*. Er und seine Frau Stephanie sind Gastgeber des wöchentlichen Fernsehprogramms „The Glory Zone", das auf GOD-TV in den Vereinigten Staaten ausgestrahlt wird. David und Stephanie haben auf der ganzen Welt bei Evangelisationen, Konferenzen, Erweckungen und Einsätzen gedient. Sie lebten zwölf Jahre lang im Ausland und dienten den Nationen der Welt. Die Herzogs haben auch zwölf Touren und Einsätze in Israel geleitet.

David Herzog trainiert weltweit Gläubige, in der Herrlichkeit und Kraft Gottes zu wirken und in jedem Bereich ihres Lebens erfolgreich zu sein. Sein Wunsch ist, ein Zentrum zu gründen, in dem Leute ausgebildet werden, große Werke zu tun, während sie das Evangelium durch die Medien, Evangelisationen, Erweckungen, Versammlungen und durch prophetische Straßenevangelisation auf der Welt ausbreiten. Die Herzogs sind mit ihren drei Töchtern derzeit in Sedona in Arizona ansässig.

David Herzog ist auch bereit, in Ihrer Gemeinde, an Ihrer Konferenz oder Evangelisation zu sprechen. Bitte nehmen Sie mit uns Kontakt auf und nennen Sie uns die Details Ihrer Veranstaltung. David und sein Team werden über Ihrer Einladung beten und Ihnen so schnell wie möglich Bescheid geben.

Weitere Informationen finden Sie unter: www.thegloryzone.org.

## David Herzog, Invasion der Herrlichkeit

*Leben unter einem offenen Himmel*

232 S.; Paperback; Vorwort von Mahesh Chavda.

Gott möchte, dass wir unter einem offenen Himmel leben und seine Herrlichkeit in einem noch viel höheren Maß erleben. Der Autor erklärt, was in der Herrlichkeit alles möglich ist, und lässt uns an seinen Erfahrungen in den Bereichen kreative Wunder, Herbeiführung von Erweckung, Überwinden physikalischer Grenzen, Versetztwerden an andere Orte, Träume, Visionen und Offenbarungen usw. teilhaben. Der anschließende, praktische Teil „40 Tage Invasion der Herrlichkeit" hilft uns, die Aussagen des Buches selbst zu erleben.

## Chris Overstreet, Übernatürlich evangelisieren

*Ein Handbuch für die Praxis;* 160 S., Paperback;
Vorwort von Bill Johnson

*Übernatürlich evangelisieren* hat das Potenzial, in uns das Feuer der Liebe Gottes zu entzünden, um Menschen, die Gott nicht kennen, mit seinem Herzen und seiner Kraft in Berührung zu bringen. Wir lernen uns ganz praktisch in das einzuklinken, was Gott mit den Menschen vorhat, denen wir im Alltag begegnen – wie es auch Jesus getan hat.

Zu den behandelten Themen gehören: Eine Reich-Gottes-Mentalität pflegen | Grundwerte des Evangelisierens | Wie wir Menschen zum Herrn führen können | In der Öffentlichkeit für Kranke beten | Prophetisches Evangelisieren | Angst und Ablehnung überwinden. Jedes Kapitel schließt mit einem Anwendungsteil, um das Gelernte zu reflektieren, in der Gruppe zu besprechen und im Alltag anzuwenden.

## Irmtraut Lorenz, Der Kuss des Bräutigams

*Stationen einer Liebesreise mit Jesus;* 180 S., Pb.

Unser Leben mit Gott ist nicht in erster Linie Arbeit und Kampf, sondern eine Liebesreise. Das ist die Erfahrung der Autorin, zu der sie von Gott eingeladen wurde und an der sie uns anhand ihrer Geschichte, ihrer Zwiegespräche mit Gott und ihrer Erkenntnisse teilhaben lässt.

Nur durch die Liebesbeziehung zu Jesus wird unser Leben so eng mit dem seinen verbunden, dass sein Leben wie ein starker Strom aus uns herausfließt und das Leben anderer Menschen berührt. Das ist Teil unserer Vorbereitung, Jesu Braut zu werden, und geschieht mitten im Alltag.

### Gary Oates, Öffne mir die Augen, Herr

*Wie wir mit Gott und seinen Engeln zusammenarbeiten können*

120 Seiten; Paperback

Das Leben des heutigen „Normalchristen" ist nur wenig vom Übernatürlichen geprägt. Bei Gary Oates war das nicht anders, bis er durch einen großen geistlichen Hunger einige einschneidende Erlebnisse mit Gott hatte. Er wurde auf dramatische Weise im Geist in die Gegenwart Gottes versetzt und es wurden ihm die Augen für den Dienst der Engel geöffnet.

Dieses Buch geht nicht nur auf diese Erlebnisse ein, sondern ist eine praktische Anleitung dafür, wie wir in eine solche Vertrautheit mit Gott hineinfinden können, dass auch unsere geistlichen Sinne für diese himmlischen Dimensionen geöffnet werden.

### Judith MacNutt, Wesen und Wirken der Engel

*Biblische Grundlagen und wahre Begebenheiten;* 200 S.; Pb.

Zu allen Zeiten haben Engel für das Volk Gottes eine bedeutende Rolle gespielt, unter anderem als Gottes Botschafter, Beschützer, Heiler oder Ermutiger.

Dieses Buch untersucht, was die Bibel über (gute und gefallene) Engel zu sagen hat, und kombiniert dies mit Erfahrungen der Autorin und anderen, die zeigen, dass Engel real sind und mit unserem Leben in Kontakt kommen. Es ist ein leicht verständliches, umfassendes und ermutigendes Handbuch zum Thema.

### Annegret Viëtor
### Dem Namen Gottes ein Tempel sein

*Heil und stark werden in IHM;* 140 Seiten, Pb

Die Autorin hat die Erfahrung gemacht, dass wir vom Namen Gottes her Annahme, Nähe und Geborgenheit empfangen können. Der Name „Jahwe" beinhaltet alles, was wir benötigen, damit unser Leben hier auf Erden gelingt.

Was jedoch viel faszinierender ist, ist die Tatsache, dass alle Gottesverheißungen vor dem irdischen Leben nicht Halt machen. Sie reichen weit über diese Welt hinaus und öffnen die Tür zur Ewigkeit. Das Verlangen des himmlischen Vaters uns gegenüber ist über die Maßen übernatürlich.

---

Bestellen Sie im Buchhandel oder direkt beim Verlag:

GloryWorld-Medien | Beit-Sahour-Str. 4 | D-46509 Xanten
Fon: 02801-9854003 | Fax: 02801-9854004 | info@gloryworld.de

Aktuelles, Leseproben, Downloads & Shop: **www.gloryworld.de**